Holger Teschke | Karsten Bartel   INSELZEITEN | RÜGEN UND HIDDENSEE

Holger Teschke

INSELZEITEN | RÜGEN & HIDDENSEE

mit Fotografien von Karsten Bartel

kiepenheuer
AUFBAU VERLAGSGRUPPE

Inhalt

Die Entstehung der Insel Rügen

Als unser Herrgott die Welt erschuf und schon beinahe damit fertig war,
wandelte er am sechsten Tag kurz vor Sonnenuntergang auf Bornholm und
blickte hinüber zur pommerschen Küste. Neben ihm stand sein Maurerschaff,
in dem die große Kelle steckte, es war aber nur noch ein schmaler Rest Erde
übrig. Wie er nun über die Ostsee schaute, erschien ihm die Küste auf der
anderen Seite doch ein wenig kahl. Also nahm er die letzte Erde aus dem Schaff
und warf sie ins Meer. Etwa eine halbe Meile vor dem Festland fiel der Klumpen
ins Wasser. Der Herrgott strich mit der Kelle die Kanten gerade und machte
den Klumpen an den Rändern glatt und rund. So wurde Rügen eine Insel wie
andere Inseln auch. Inzwischen war aber die Sonne beinahe untergegangen.
Der Herrgott wollte Feierabend machen, darum kratzte und schabte er noch
schnell alle Reste im Schaff zusammen und warf sie zu der Insel hinüber. So entstanden Jasmund und Wittow. Das sah zwar ein wenig rauh und ungefüge aus,
aber unser Herrgott dachte: »'S ist Feierabend, und nun laß es mal, wie es ist.«

Alfred Haas | *Sagen von der Insel Rügen,* 1903

Uferausbruch an den Wissower Klinken | 7

| Von Arkona nach Altenkirchen

Die klassischen und die romantischen Rügen-Reisenden kamen über Land, die Eroberer und Piraten meist von See. Hackert und Zelter, Rellstab und Chamisso, Schinkel und Brahms, die Herz und die Schleiermachern, Friedrich und Fontane – sie alle reisten mit Postkutsche oder Bahn bis Stralsund und setzten dann mit dem Boot nach Altefähr über. Bischof Absalon, sein Schreiber Saxo Grammaticus und der dänische Heerbann, Klaus Störtebeker und Goedeke Michels mit ihren Vitalienbrüdern, Gustav Adolph von Schweden und die Truppen des Feldmarschalls Wrangel, die Preußen, die Franzosen und die nachwendischen Alteigentümer näherten sich der Insel vorzugsweise auf ihren Schiffen und Yachten. So wollen wir es auch halten, aber nicht aus Eroberungs- oder Kapergründen, sondern des Anblicks wegen, bevor wir unseren Spaziergang über die größte und geheimnisvollste Insel Deutschlands beginnen.

Der erste Eindruck ist der bleibende, und es gibt keinen schöneren als jenen, den das Kap Arkona von See aus bietet. »Die Feste Arkona«, schreibt Saxo Grammaticus in seiner *Historica Danica* im 14. Buch, »liegt auf dem erhabenen Gipfel eines Vorgebirges und wird im Osten, Süden und Norden durch natürliche, nicht von Menschenhand hergestellte Schutzwälle gedeckt, da die jähen Felswände das Aussehen von Mauern zeigen. Ihre Höhe ist so groß, daß auch ein mit der Schleudermaschine abgeschossener Pfeil den oberen Rand nicht erreichen kann.«

Der dänische Chronist Saxo kam im Frühling 1168 mit seinem König Waldemar I. und dessen kriegerischem Bischof Absalon von Roeskilde, um die wieder einmal von Thron und Glauben abgefallenen Rüganer zur Räson zu bringen. Waldemar hatte zwar schon 1159, 1160 und 1165 Kriegszüge gegen Rügen geführt und die aufmüpfigen Insulaner mehrmals zur Anerkennung dänischer Lehnshoheit verpflichtet, aber kaum waren seine Schiffe hinter dem Horizont verschwunden, da hoben die Rüganer schon wieder die Methörner und huldigten ihrem viergesichtigen Gott Swantevit, der in der Festung Arkona seinen heiligen Tempel hatte.

Auf der nördlichsten Spitze der Insel Rügen stand früher die Hauptstadt des Landes, Arkona genannt. Sie ist plötzlich in das Meer versunken. Auf dem Grunde der Ostsee ruht sie noch heute, und wenn es nebliges Wetter ist, steigt sie zuweilen aus dem Wasser empor. Die Leute sagen dann: Arkona wafelt.

Jodocus Temme | *Volkssagen von Pommern und Rügen, 1840*

Dort hauste Swantevit hinter hohen Burgwällen und festen Palisaden in einer reich geschmückten Halle unter purpurnen Vorhängen, und nur die Priester durften das Allerheiligste betreten. Einmal im Jahr, nach der Ernte, brachten sie ihm Opfergaben und füllten auch sein gewaltiges Trinkhorn mit Met. Am Tag darauf prüften sie dann, ob der Met sich über Nacht verringert hatte, und verkündeten dem wartenden Volk das Orakel. Ein geleertes Horn deutete auf Götzengnade und also auf reiche Ernte – was in gewisser Weise die Trinkfreudigkeit der Rüganer historisch erklärt.

Auch aus der Anzahl der Feldzüge, mit denen Waldemar die Insel überzog, kann man erkennen, daß die Rüganer schon damals ein eigensinniges und streitlustiges Volk waren. 1168 riß ihm der königliche Geduldsfaden, und er beauftragte seinen besten Mann mit der Planung der endgültigen Unterwerfung Rügens. Auf Absalon, der sich eher als Kriegsherr und Kanzler denn als Bischof verstand, war Verlaß. Er hatte seinem König 1167 Kopenhagen gegründet und befestigt und war in der Kriegskunst erfahren genug, um es auch mit den widerspenstigen Rüganern aufzunehmen.

Wenn Saxo und die Knytlinga-Saga ihre Christenfrömmigkeit nicht übertrieben haben, dann landete Absalons Heer genau am Pfingstsonntag 1168 und begann sogleich mit der Belagerung der Feste Arkona. Ich kann hier nicht das gesamte 14. Buch des Grammaticus referieren, aber da der Segler noch ein bißchen Zeit braucht, bevor er ums Kap dreht, erzähle ich wenigstens die Episode von der Einnahme der Burg. Sie ist ein schönes Lehrbeispiel, daß man auch den geringsten seiner Feinde niemals unterschätzen soll. Der Rest der Geschichte findet sich bei dem Rüganer Volkskundler Alfred Haas in dessen Buch *Arkona 1168* oder bei Saxo selbst.

Ein paar dänische Troßknaben, so berichten beide, hatten sich während der Belagerungsvorbereitungen an den palisadenumzäunten Burgwall geschlichen und angefangen, mit ihren Taschenkatapulten Steine gegen die Befestigung zu schießen. Die Verteidiger auf den Türmen waren darüber

Diese Insul hat vormalen ihre eigenen Könige gehabt, die zu Wasser vermuthlich Handel und Bewerbe trieben:
Dann so viel man aus dem Olao Magno und Saxone Grammatico ersiehet, haben die Völcker am Balthischen Meer ihre trafiques sehr weit extendirt und jenseits Preussen, Liefland und Moscau Handel und Wandel getrieben.

Ernst Heinrich Wackenroder | *Altes und Neues Rügen*, 1730

zunächst nur belustigt, dann aber eilten die ersten Dänenkrieger herbei, die offenbar glaubten, den Beginn des Angriffs verpaßt zu haben. Daraus entwickelte sich ein Scharmützel, das immer mehr Soldaten auf den Plan rief. Einer der Pferdebengel entdeckte dabei unter einem der Türme einen Erdspalt, der offenbar durch eine Senkung des Walls entstanden und nicht ausgebessert worden war. Mit Hilfe einiger rasch geworfener Lanzen kletterte er den Burgwall hinauf und verschwand in der Senke, wo ihn die Speere und Pfeile der Rüganer nicht treffen konnten. Er rief seinen Mitkämpfern zu, ihm Stroh heraufzureichen, und als er den Spalt damit ausgestopft und die Streu mit Stahl und Feuerstein entzündet hatte, rollte er sich rasch den Wall hinunter. Das Feuer griff von dem hölzernen Turm auf die übrigen Befestigungsanlagen über. Absalon begriff sofort die Gunst der Stunde, ließ den Belagerungsring schließen und mit dem Beschuß der Festung beginnen. Die Verteidiger, zwischen Lösch- und Kampfhandlungen hin- und hergerissen, erlitten in kurzer Zeit hohe Verluste. Als auch noch ihr heiligstes Feldzeichen, die adlergeschmückte Stanitza vom Feuer erfaßt wurde und lichterloh brannte, sah der Bischof den Augenblick zum Angriff gekommen. Aber noch bevor er zum Sturm blasen konnte, erschien ein Unterhändler der Rüganer auf den Palisaden und bat um Waffenstillstand. Absalon forderte sofortige Kapitulation sowie Auslieferung von Festung, Tempelschatz und Götterbild, endgültige und vollständige Unterwerfung unter die dänische Krone und christliche Religion, Kriegsgefolgschaft sowie jährliche Abgaben in Silber.

Die Rüganer hatten keine Wahl und mußten annehmen. Die Lage war derart verzweifelt, daß sie sogar einwilligten, den Angreifern zum Unterpfand vierzig Geiseln auszuliefern. Absalon ließ diese Nachricht umgehend an seinen König überbringen, der die Schlacht von einem Hügel aus in sicherem Abstand verfolgte. Als sich aber die Kapitulationsbedingungen im dänischen Heer herumsprachen, kam es beinahe zu einer Meuterei, denn Hauptleute wie Soldaten hatten auf Sturm und Plünderung gehofft und fühlten sich um ihren nahen Sieg betrogen.

König Waldemar wurde außerdem von den Pommernherzögen bedrängt, die in der Hoffnung auf die Lehnsherrschaft über Rügen einen Teil des Heeres gestellt hatten. Sie drohten abzuziehen, und der

Als der Götze, jener Gegenstand vielhundertjähriger Furcht und Verehrung, so ungestraft geschändet wurde, erhob sich verwirrtes Geschrei unter den Rüganern, indem die einen das Geschick ihres Heiligtums bejammerten, andere voll Scham über die lang gehegte Torheit in Spott und Gelächter ausbrachen.

F. W. Barthold | *Geschichte von Rügen und Pommern, 1840*

König schwankte. Im eilig zusammengerufenen Kriegsrat legte Absalon den Heerführern dar, daß das Feuer für die Angreifer mindestens ebenso gefährlich war wie für die Verteidiger, diese aber noch immer aus der Deckung und von der Höhe herunter kämpften und man mit einem Sturm hohe Verluste riskierte. Außerdem würde die Nachricht von der Plünderung und Brandschatzung der Tempelburg alle übrigen Rüganer zu erbittertem Widerstand treiben, weil sie das gleiche Schicksal befürchten müßten. Eine friedliche Kapitulation zu maßvollen Bedingungen aber könnte endlich einen Schlußpunkt unter den leidigen Inselärger setzen. Auch der Erzbischof von Lund unterstützte Absalon mit den frommen Worten, daß Bekehrung der schönste Sieg in Christus sei, seliger denn das Schlachten der Heiden.

Der König folgte erstaunlicherweise den Stimmen der Vernunft und nahm die Kapitulation der Festung an. Damit gingen die Pommernherzöge für die nächsten 200 Jahre leer aus. Schon damals verstanden manche Kirchenfürsten sehr viel von dem Zusammenhang zwischen Politik und Ökonomie. Absalon und Lund ließen es sich auch nicht nehmen, die Zerstörung des Swantevit-Götzen höchstpersönlich zu überwachen. Saxo berichtet eindrucksvoll von diesem Bildersturm:

»Die Vorhänge, mit denen das Innerste des Tempels bedeckt war, wurden herabgerissen. Die Burgbewohner drängten sich um das Heiligtum und hofften, Swantevit werde kraft seiner Allmacht über die Urheber so schweren Frevels Strafe verhängen. Aber als der unterste Teil der Schienbeine abgeschlagen war, sank das Standbild nach rückwärts und lehnte sich gegen die benachbarte Wand. Um es hinauszuschleifen zu können, befahl Suno, die Wand niederzureißen, und warnte seine Diener noch einmal vor zu großem Eifer. Mit lautem Krachen stürzte das Götzenbild zu Boden. Rings um das Gebäude hingen Purpurvorhänge, so morsch, daß sie die Berührung nicht aushielten. Man sah, wie der Böse plötzlich in Gestalt eines schwarzen Raben aus dem Tempelinneren entflog und vor den Augen der Burgbewohner und ihrer Eroberer verschwand.«

Die Dänen errichteten auf den heiligen slawischen Stätten umgehend Gotteshäuser, um den alten Glauben ein für allemal auszurotten. Im Feldsteinfundament zu Altenkirchen vermauerten sie sogar ein umgestürztes Bildnis von Swantevits Priester, das aus der Tempelburg stammte und lange vor 1168

entstanden sein muß. So wurde bei jedem Kirchgang an den Sieg Dänemarks im Zeichen des Kreuzes erinnert. Heute befindet sich der Stein innerhalb der südlichen Vorhalle der Kirche, und man erkennt immer noch gut, daß der spitzbärtige Mann ein riesiges Trinkhorn in den Händen hält. Mein Onkel Paul, der uns als alteingessener Insulaner auf diesem Spaziergang begleiten wird, meinte, dies sei der Beleg dafür, daß die Priester und Tempelsoldaten am Vorabend der Schlacht dem Gott mit dem Methorn unmäßig geopfert hätten und deshalb so schnell von den Dänen aufs Kreuz gelegt worden seien. Eines der bedeutendsten slawischen Heiligtümer war jedenfalls über Nacht erobert und unterworfen worden. Aber mit der endgültigen Christianisierung der Slawen verschwanden durchaus nicht ihre Bräuche und Sagen. Davon wird noch zu erzählen sein.

Wenn man mit dem Schiff von Nordosten aus in die Tromper Wiek einläuft, dann erkennt man steuerbords, daß vom Burgwall auf Arkona nicht viel geblieben ist. Wind und Wetter arbeiten hart am Ufer dieses nördlichsten deutschen Kaps, und mehr als die Hälfte des Walls ist seit der Eroberung des Tempels in die Ostsee gestürzt.

Das Christentum ist historisch gesehen auf der Insel also noch jung, und wenn die Rügener Geistlichen ihrer trink- und spielfreudigen Gemeinde von der Kanzel herab eine Predigt über Teufels Weihwasser und Gebetbuch hielten, dann bekamen sie oft zur Antwort: »Ooch, weetens Herr Paster – wie sünn ja nu noch nich so lang bikiehrt, bi uns sitt dat noch nich so mit de Frömmigkeit. Dor häbben s' man noch 'n bäten Geduld!« Womit ich einen kleinen Exkurs zu den Bewohnern der Insel machen muß.

Die Forschung hat sich seit langem und leidenschaftlich über Herkunft und Stammeszugehörigkeit der ersten Rüganer gestritten. Ich werde mich hüten, an diesem Streit teilzunehmen, will ihn aber kurz zusammenfassen, um eine Vorstellung zu geben, mit was für einem Völkchen wir es zu tun bekommen, sobald wir an Land sind. Die großen Entdecker Magalhães und Cook haben alte Reiseberichte und Karten studiert, bevor sie auf ihre Weltreisen gingen, und wenn sie es ein bißchen gründlicher getan hätten, würden sie vielleicht auf ihre tödlichen Streitereien mit den Einheimischen verzichtet haben. Nicht daß es bei unserem Inselspaziergang so weit kommen wird, aber man weiß doch besser Bescheid.

Watt du sporst för 'n Mund,
Dat frett Katt un Hund.
Wat du drinkst an Bier un Köm,
Kann di kenen wech miehr nehm.

Plattdeutsches Sprichwort |

Gegen Ende der Eiszeit bildete Rügen mit Südschweden und den dänischen Inseln eine Landmasse, die an die sogenannte baltische Eisstausee stieß. Damals war das Wassergebiet der heutigen Ostsee wesentlich größer und hatte Verbindungen zur Nordsee und zum Weißen Meer. Einer kleinen Salzwassermuschel verdankt sie ihren ersten Namen: die Geographen nennen sie nach dem fossilen Winzling das Yoldia-Meer. Zwischen 6800 und 5500 vor Christus gab es tektonische Hebungen, die dieses Meer von seinen Nachbargewässern abschnitten und damit in eine Art riesigen Süßwassersee verwandelten, in welchem sich eine kleine Napfschnecke ausbreitete. Dieser wiederum verdankt die Ostsee ihren zweiten wohlklingenden Namen: Ancylus-See. Zwischen 5500 und 2500 vor Christus stieg der Meeresspiegel erneut und stellte so die Verbindungen zur Nordsee und zum Finnischen Meerbusen wieder her. Mit dem einströmenden Salzwasser kam eine Seeschnecke und sorgte für den dritten Namen: Litorina-Meer. Das hatte in etwa den Küstenverlauf der heutigen Ostsee.

Rügen war nunmehr endlich eine Insel, auf der Jäger und Sammler herumstreiften, die uns als älteste Besiedlungsspur eine bearbeitete Rentierstange im Garzer Moor hinterließen sowie eine Harpune und ein paar Pfeilspitzen im Bergener Nonnensee. Es gab dunkle Eichen- und Ahornwälder, in denen Elche, Bisons und Wildpferde grasten, an den Küsten sonnten sich Seehunde und Fischotter, und im Wasser tummelten sich Wale und gewaltige Schwärme von Kabeljau.

Aus der mittleren Steinzeit sind Feuersteinwaffen in großen Mengen gefunden worden: Lanzen- und Pfeilspitzen, Messer und Klingen, Schaber und Bohrer. Im Herbst bin ich vom Haus meiner Großmutter in Sagard oft über das frischgepflügte Feld in Richtung Dobberworth gelaufen, denn diese Schätze fanden sich in der Nähe alter Grabstätten, und der Dobberworth ist das größte norddeutsche Hügelgrab. Außerdem sollen dort Unterirdische hausen, aber davon später.

Eines der wichtigsten Großsteingräber, den sogenannten Riesenberg bei Nobbin, hat der wohl berühmteste Rügen-Reisende Caspar David Friedrich gemalt. Der Riesenberg liegt südwestlich von Arkona

am Ufer der Tromper Wiek. Ebenso bekannt sind der Pfennigkasten in der Stubnitz und das Dwasiedener Hünenbett, die wir auf unserem Spaziergang noch sehen werden.

Wer aber folgte auf die steinzeitlichen Erstsiedler? Der vorsichtige Wilhelm Steffen behauptet in seiner *Kulturgeschichte von Rügen bis 1815,* daß die Bevölkerung der späteren Bronzezeit zum indogermanischen Sprachstamm gehört haben muß, und er erzählt ausführlich von den Tagen der Völkerwanderung, in der die von Norden nach Süden wandernden Völkerschaften Skandinaviens einen erstaunlich großen Bogen um Rügen machten – ein Beleg für Thomas Kantzows vielzitiertes Wort, die Einwohner von Rügen seien ein »zenkisch und mordisch Volk, so daß es eben an ihnen schier wahr ist, was das lateinische Sprichwort besaget – omnes insularis mali – alle Inselbewohner sind Bösewichte.« Das erste Menschengesicht, das wir von Rügen kennen, ein Tonköpfchen aus der Bronzezeit um 800 vor Christus, sieht allerdings heiter und freundlich aus.

In jedem Fall müssen die Rüganer etwas von Seefahrt und Handel verstanden haben, denn schon für die Zeit um 200 vor Christus lassen sich Handelskontakte mit den Römern und Phöniziern nachweisen, die auf der Suche nach dem begehrten Bernstein ihre Flotten bis in den hohen Norden schickten. Für die Eisenzeit hat man suebische Stämme nachgewiesen, die aus dem heutigen Schwaben eingewandert sein sollen, und nach ihnen die ostgermanischen Rugier, denen die Insel angeblich ihren Namen verdankt. Diese Ableitung fußt allerdings auf Tacitus und Claudius Ptolemäus, die beide Rügen nie betreten haben, und ist später vom Schreiber des kriegerischen Bischofs Absalon und seinen Kopisten ungeprüft übernommen worden. Interessanterweise war Odoaker, der erste Eroberer Roms, ein Fürst der Rugier. Andere Gelehrte leiten den Namen der Insel vom slawischen »rog« ab, was soviel wie Landzunge bedeutet.

Aus zweiter Hand stammt leider auch der Bericht des ältesten klassischen Rügen-Reisenden, des griechischen Geographen und Entdeckers Pytheas von Massilia, dem heutigen Marseille, der zu Zeiten Alexander des Großen gen Norden segelte. Auf der Suche nach dem sagenhaften Thule, so berichtet er in seinem Werk *Über den Ozean,* sei er an der Nordspitze einer Insel vorübergesegelt, deren Kap hoch über dem Meer aufragte und die für ihren Bernsteinreichtum und ihre streitlustigen Bewohner bekannt

Ruia heißt die Insel in päpstlichen Urkunden von 1177 und 1189, in den landesfürstlichen Urkunden das Volk Rugani, das Land Ruja und in Meister Heinrich Frauenlobs Gedichten findet sich Rivien, während der Mund des Volkes das Land Royen, sich selbst aber Ruejaner nennt.

F. W. Barthold | *Geschichte von Rügen und Pommern,* 1840

sei. Plinius der Ältere, durch den wir von Pytheas' Werk wissen, zitiert ihn leider nur, um dessen Entdeckungen anzuzweifeln oder lächerlich zu machen.

Am schönsten, wenngleich fern aller historischen Wahrscheinlichkeiten, hat Arno Schmidt über Pytheas' Fluchten und Fahrten geschrieben und zwar in *Gadir oder Erkenne dich selbst:* »Es stampfte oben in den Wolken; Regen schlug donnernd an meine Stirn; mein Herz brandete: Freiheit! ... Pytheas ist frei geworden und stampft oben in den Wolken!! — ... Soviel Glück! Pytheas, du Wogenkind! Hebt mich — senkt mich!« Rügen ist übrigens einer der besten Orte, um Schmidt zu lesen oder wenigstens zu ein bißchen Selbsterkenntnis zu gelangen. Man muß sich dazu nur still genug ans Meer setzen und auf die Brandung schauen. Für mich ist es jedenfalls ausgemacht, daß Pytheas am Kap Arkona vorbeigesegelt ist.

Auf die Rugier folgten in den Wirren der Völkerwanderung gegen Ende des 6. Jahrhunderts die Ranen, ebenfalls ein kriegerisches slawisches Volk. Die Ranen – oder die »nordischen Wenden«, wie sie die alten Chroniken nennen – errichteten außer der Tempelburg auf Arkona auch noch Burgen bei Garz, auf dem Rugard bei Bergen und in der Stubnitz. Sie stellten auch das erste Fürstengeschlecht Rügens. Davon wäre hier weiter kein Aufhebens zu machen, hätte es nicht mit Wizlaw III. den ersten Rügener Minnesänger hervorgebracht, dessen Lieder sogar von Heinrich von Meißen, genannt Frauenlob, bewundert wurden. Heinrich besuchte Wizlaw auf Rügen, sie feierten und dichteten gemeinsam und ritten singend über die Insel. Poetisch hat Wizlaw, der seine Lieder übrigens auf deutsch schrieb, durchaus Bestand. Seine Handschriften liegen im Universitätsarchiv zu Jena, und seine Dichtungen fehlen in keiner guten Anthologie des deutschen Minnesangs.

Mit dem Tod Wizlaw III. fiel die Herrschaft über Rügen 1325 an die Herzöge von Pommern-Wolgast, die 1168 umsonst gen Arkona gezogen waren. Die Kirchenhoheit verblieb aber noch bei einem Nachfolger Absalons im Bistum Roeskilde. In Religions- und Kirchensteuersachen trauten die Dänen auch den Pommern nicht, mit denen sie doch einst die Heidenfeste Arkona belagert hatten. Der Einfluß der Hanse und der 1234 gegründeten Stadt Stralsund auf der anderen Seite des Sunds nahm auf Rügen beständig zu, 1370 besiegte der mächtige Städtebund die Dänen und erzwang Handelsfreiheit im Ostseeraum.

*Wohlan, Herr Mai,
ich geb Euch hohe Ehren,
Nun schreitet meine Frau
im Festgewande;
Jetzt schmückst du sie –
nicht länger durft' es währen
Daß Eis und Schnee und Sturm
beherrscht die Lande.
Erschlossen ist der Schrein,
Ihr Kleid schmückt Edelstein;
Sie trat zur Tür
Und sprach lächelnd zu mir:
»Liebster, gefal ich dir?«*

Wizlaw III. von Rügen |
Minnelied, um 1290

1401 wurde der berüchtigte Seeräuber Klaus Störtebeker, den die dänische Königin und Erzintrigantin Margarethe als Kaperfahrer gegen die Hanse ausgeschickt hatte, vor Helgoland aufgebracht und wenig später in Hamburg auf dem Grasbrook hingerichtet. Von Störtebeker und seinen Vitalienbrüdern, auf plattdeutsch auch Likedeeler genannt, werden wir noch hören.

Mit der Reformation hielt der Protestantismus Einzug in Pommern und auf der Insel, durchgesetzt von Luthers Freund und Seelsorger Johannes Bugenhagen, dem »Doctor Pomeranus«. Bugenhagen verfaßte auch eine niederdeutsche Passionsharmonie und erwarb sich mit dieser volkstümlichen Fassung des Neuen Testaments für das norddeutsche Platt den gleichen Verdienst wie Luther für das Hochdeutsche. Die Reformatoren säkularisierten auch die Klöster auf Hiddensee und zu Bergen. Die pommerschen Herzöge wandelten sie in Adelstifte um und kassierten deren Ländereien, auf denen dann bis 1806 finsterste Leibeigenschaft herrschte. Während des Dreißigjährigen Krieges zogen kaiserlich-katholische und schwedisch-protestantische Truppen plündernd und mordend über die Insel und hinterließen abgeholzte Wälder, verbrannte Äcker, Hungersnöte und Seuchen. Das Kinderlied vom »abgebrannten Pommerland« bezieht sich auf diese Schreckensjahre, die Grimmelshausen im *Simplicissimus* beschrieben hat.

1637 starb das Herzogshaus Pommern aus, und Rügen kam unter die Herrschaft des Kurfürsten von Brandenburg. Mit dem Westfälischen Frieden fiel es 1648 samt Hiddensee und Stralsund an Schweden und verblieb bis 1815 unter den drei Kronen. Seit der eiszeitlichen Erstbesiedlung verzeichnen wir also Germanen, Slawen, Dänen, Preußen, Schweden sowie Seeräuber und Landsknechte aus allen Ecken Europas auf Rügen, eine Mischung, die verständlicherweise ein eigenwilliges Völkchen hervorgebracht hat. Thomas Kantzow, der große Chronist, kann also mit seinem Wort vom »zenkisch Volk« nicht ganz unrecht gehabt haben.

Maikäfer flieg!
Dein Vater ist im Krieg.
Die Mutter ist im Pommerland,
Pommerland ist abgebrannt.
Maikäfer flieg!

Kinderlied | aus dem
Dreißigjährigen Krieg

Die drei Türme, die man von See aus auf dem Kap erblickt, haben ebenfalls eine bewegte Geschichte hinter sich. Der kleinste ist auch der berühmteste: Kein geringerer als Schinkel hat ihn 1825 entworfen, und die königlich-preußische Oberbaudeputation ließ ihn zwischen 1826 und 1828 errichten. Vor dem Kap herrschen widrige Winde und unberechenbare Strömungen. Sowohl der Nordstrand als auch die Tromper Wiek haben seit Anbeginn der Rügener Schiffahrt einen Ruf als heimtückische Strandungsgewässer.

Seit Januar 1828 zeigten 17 Rüböllampen vor parabolischen Scheinwerfern das Nahen des Kaps bis auf acht Seemeilen an, und die Nebelsignalanlage, die ihres Brüllens wegen im Volksmund auch »Seekuh« genannt wird, erreichte eine Hörweite von zehn Seemeilen. Der Schinkelsche Leuchtturm schickte bis 1901 sein Licht über die Ostsee und konnte sich berühmter Besucher erfreuen. Philipp Otto Runge, Theodor Fontane, Adolph von Menzel, Gerhart Hauptmann und Else Lasker-Schüler haben ihn besichtigt und beim alten Leuchtturmwärter Schilling, der neben seinem Wärteramt auch noch einen Gasthof betrieb, die weißen Nächte von Arkona bewundert. Zur Sommersonnenwende wird es nämlich beinahe nicht dunkel auf dem Kap, weil die Sonne erst spät im Nordwesten untergeht, aber schon bald wieder im Nordosten aus dem Meer steigt.

Einer der Gäste, der auf der Veranda des Schillingschen Gasthofes dieses Schauspiel mit reichlich Hochprozentigem genoß, soll den alten Leuchtturmwärter zu fortgeschrittener Stunde gefragt haben, warum er eigentlich so blau im Gesicht sei? Vater Schilling sah den Gast vom Festland lange an und sagte dann bedächtig: »Mien Jung, waat du ierst ma so oll as ick und kieck man oock so lang in die blaage See, dann waast du noch vääl blaager utsein as ick!«

In einem der verschollenen Fremdenbücher Schillings soll neben der besonders schwärmerischen Auslassung einer Besucherin über die »Küsse von Meer und Wind« der lakonische Zusatz eines Berliner Herrn gestanden haben: »Unsinn Aujuste, heiraten mußte!« Diesen Rat haben die umtriebigen Gemeinderäte von Putgarten aufgegriffen, und seit einigen Jahren befindet sich ein Standesamt in Schinkels klassizistischem Backsteinturm. Anschließend kann man die Hochzeitsnacht in Schillings Leuchtturmwärterhäuschen verbringen und morgens mit Blick auf die uralte See und die junge Gattin erwachen.

Der zweite und höchste Turm wurde 1902 vollendet und ist bis heute in Betrieb. Ab und zu hat der Blitz eingeschlagen, aber die mutigen Wärter haben ausgeharrt und immer wieder repariert, so daß der Turm sein elektrisches Licht noch heute nachts alle 16 Sekunden aufblitzen läßt und bis zu 20 Seemeilen in die Dunkelheit hinaus schicken kann. Die Aussicht vom Rundgang vor dem Feuer über Wittow ist grandios und lohnt den Aufstieg über die 175 schmalen Stufen.

Der dritte, näher am Burgwall gelegene Turm, ist der Marinepeilturm, den die Admiralität der Reichsmarine 1927 zu Kontroll- und Meßzwecken errichten ließ. Während des Zweiten Weltkrieges gab es hier auch eine Funkpeilstation, so geriet der Turm ins Fadenkreuz der Bomber und war gegen Kriegsende fast völlig zerstört. 1996 wurde er wieder aufgebaut und beherbergt heute eine der schönsten Schmuckwerkstätten der Insel, wo man seiner Angebeteten eine Mondsteingemme oder einen Bernsteinring kaufen kann. Von diesem Turm, der direkt neben dem ehemaligen Burgwall steht, läßt sich auch ein Spaziergang am Hochufer machen, und nach einer Viertelstunde sieht man die Reetdächer von Vitt.

| Das Fischerdorf und die Kapelle zu Vitt

Das Fischerdorf Vitt ist eines der schönsten und ältesten auf Rügen. Sein Name leitet sich von den Heringsmärkten, den sogenannten Vitten ab, die hier seit dem 13. Jahrhundert abgehalten wurden. Vitt war einer der bedeutendsten dieser Märkte auf ganz Rügen, weshalb es auch bis ins 17. Jahrhundert »de Grote Vitt« genannt wurde. Durch eine kleine Schlucht steigen wir zum Ufer hinauf, und am Feldrand steht die berühmte Uferkapelle. Der Rügener Pastor Ludwig Theobul Kosegarten hatte sie 1806 in Auftrag gegeben, wegen der Querelen der französischen Besatzung wurde sie jedoch erst 1816 beendet und geweiht.

Kosegarten, den Schiller und Goethe für einen Verrückten ansahen und den Humboldt als verdruckstes Genie beschrieb: »wild und verstört«, führte in seiner Gemeinde auch die Uferpredigten ein. Mit ihnen wollte der redselige Prediger nicht nur Gott in seiner Natur huldigen, sondern auch den Fischern dichter

Das Meer ist doch eine große Verschönerung aller Landschaften, und in so origineller Form, wie es sich vor Rügen zeigt, wüßte ich es nirgends anderswo gesehen zu haben.

Karl Friedrich Schinkel |
an Christian Daniel Rauch, 1821

auf den sündigen Leib rücken, weil die ihre Ausfahrten nicht nach den Zeiten der Andacht, sondern nach dem Auftauchen der Heringsschwärme richteten. Kommen die Schäfchen nicht zum Hirten, mag Kosegarten gedacht haben, dann muß der Hirte hinaus aufs Feld oder eben an den Strand.

Als gebürtiger Pommer war er mindestens ebenso dickschädelig wie seine Gemeinde und verkaufte seinen Kirchenoberen später diese ungewöhnlichen Uferpredigten als volksnahen Gottesdienst. Schon damals mußte man sich auf Rügen allerhand einfallen lassen, um sich auf der Kanzel nicht einsam zu fühlen. Die Kapelle hatte Kosegarten als Schlechtwetterzuflucht geplant und aus Findlingen und Feldsteinen errichten lassen. Es war eine der schlichtesten Kapellen Rügens, weiß verputzt, mit altem Holzgestühl und weitem Ausblick über die Felder, bis ein anderer Gottesnarr auf die Idee kam, sie mit einem scheußlichen Wandbild ausmalen zu lassen. Setzt man sich allerdings ins Gestühl und blickt gen Westen, bleibt einem das Bild erspart.

Der berühmte Maler Philipp Otto Runge hat übrigens auch ein Gemälde für diese Kapelle verfertigt, das nicht viel besser ist, aber bescheidenere Ausmaße hat, welche die Architektur respektierten. 1805 hatte Runge seinen ehemaligen Lehrer Kosegarten in Altenkirchen besucht und so von dem Projekt der Uferkapelle erfahren. Er bot dem Pfarrer ein biblisches Thema an: der auf dem Wasser wandelnde Christus errettet den versinkenden Petrus aus den Wogen. Kosegarten nahm an, und Runge stellte das Gemälde mit einigen Verzögerungen fertig. Die in der Kapelle und in Altenkirchen gezeigten Bilder sind jedoch Kopien und stark nachgedunkelt, das Original hängt in der Hamburger Kunsthalle. Immer wenn ich in der Kapelle zu Vitt sitze und das Bild sehe, fällt mir aber nicht die Stelle vom auf dem Wasser wandelnden Christus ein, sondern jene Kapitel bei Markus und Lukas, in denen Jesus Simon Petrus und seine Brüder zu Menschenfischern macht. In der Bugenhagenschen Übersetzung heißt es: »Kamt un gaht mit mi, ick will Minschenfischers ut jug maken« (Markus 1,17). Darüber habe ich hier einmal einen jungen Vikar auf plattdeutsch predigen hören, als ich mit meinem Onkel Paul nach Vitt gepilgert bin. »Tja«, sagten die Fischer nach der Predigt, »Plattdütsch kann hei ja, över miehr Aale kümm dorvon oock nich in de Reusen.« Philipp Otto Runge, der in Wolgast geboren wurde, sprach übrigens auch ein

Dit un dat
drocken un natt –
Gesegne uns Gad.

Johannes Bugenhagen |
Tischgebet, um 1530

24 | Feldweg bei Nipmerow

vorzügliches Platt. Als ihm sein Freund und Verleger Johann Georg Zimmer den ersten Band von Arnims *Des Knaben Wunderhorn* zuschickte, bedankte er sich mit zwei »plattdeutschen Döhnchen, wie sie die Kinderfrauen erzählen«. Von Arnim und Brentano waren diese beiden Märchen, die heute als »Der Fischer und syne Frau« und »Von den Machandelboom« beinahe jedes Kind kennt, allerdings nicht geheuer. Sie zögerten mit dem Abdruck und redeten sich auf die Unverständlichkeit des plattdeutschen Originals heraus, bis ihnen der Berliner Märchenforscher von Hagen erklärte, daß gerade im Originalton dieser Texte ihr Reiz und ihre Einzigartigkeit läge. Die Brüder Grimm begriffen das schneller und nahmen Runges Fassung 1812 in den ersten Band ihrer *Kinder- und Hausmärchen* auf. Da stehen sie immer noch und erzählen von den Folgen von Machtgier und Raffsucht. Horst Hussel hat sie meisterlich illustriert, und Günter Grass widmete ihnen seinen großen Roman vom *Butt*.

Auf Rügen sollte man das Auto so oft wie möglich stehenlassen und sich entweder ein Pferd oder ein Fahrrad mieten. Die Straße von Putgarten nach Altenkirchen führt vorbei an den Fischer- und Bauerndörfern Fernlüttkevitz, Nobbin, Wollin und Presenske, allesamt slawische Ortsgründungen, deren Höfe zu Hansezeiten in den Besitz Stralsunder Kaufleute übergingen. Mehrere Historiker vermuten bei Fernlüttkevitz den heiligen Hain Arkonas mit einer großen Pferdekoppel, auf der die Schimmel des Gottes Swantevit geweidet haben sollen. Sie lag an dem uralten Pfad über das Windland Wittow, der durch jene Landschaften führte, in denen Hans Fallada seinen Rügenroman *Wir hatten mal ein Kind* spielen läßt und den er sein schönstes und sein liebstes Buch nannte. Darin kommen der wilde Bauer Gäntschow vor, der in seine tote Tochter verliebt war und sich auf ihr Geheiß aus dem Jenseits hin bei lebendigem Leibe von Ratten vertilgen ließ, der Ziegenbock des Altenkirchener Pastors, der statt seines Herrn auf die Kanzel kletterte, sowie jede Menge Strandraub, Suff und Ehebruch. Fallada, der die Geschichten zu diesem Roman 1924 während seines Aufenthalts in Gudderitz bei Altenkirchen gesammelt und nur oberflächlich verschlüsselt hatte, konnte sich nach der Veröffentlichung des Romans weder auf Wittow noch sonst irgendwo auf Rügen mehr blicken lassen. Wenn man die dunklen Seiten des Rügener Gemüts kennenlernen will, dann muß man dieses Buch lesen.

Altenkirchen habe ich wegen seines geheimnisvollen Friedhofs und seiner alten Grabsteine seit meiner Kindheit gern besucht. In der Kirche findet man den schon erwähnten Swantevit-Stein und ein mit vier Köpfen verziertes Taufbecken aus grauem gotländischen Kalkstein. Die Historiker nehmen an, daß dieses Becken um 1250 aufgestellt wurde, also keine 50 Jahre nach der Kirchenweihe. Die Gelehrten streiten sich noch darüber, ob Absalon hier tatsächlich über einem alten slawischen Begräbnisplatz aus den Trümmern des Swantevit-Tempels das zweite Rügener Gotteshaus errichten ließ – sein Auftreten im Kriegsrat vor Arkona spricht eher dagegen. Noch besser als der spitzbärtige Priester und die vier wilden Männer am Taufbecken gefielen mir aber die geheimnisvollen Grabsteine der alten Schiffskapitäne. Auf der Vorderseite prangten Segelschiffe unter Vollzeug im Wind, auf dem hinteren Teil des Grabsteins gab es einen geheimnisvollen Fisch, der sich selbst in den Schwanz biß.

»Was ist das?« fragte ich bei einem unserer gemeinsamen Besuche in der Kirche meinen Onkel Paul.

»Das ist der Welt-Aal«, antwortete er todernst.

»Der Welt-Aal?«

»Hej bitt sick in Schwanz und is rund as die Welt«, versicherte mein Onkel.

»Waren das denn alles Aalfischer?«

»Ach wat, Aalfischers. Richtige Seelüüd wiern dat! Un ümmer rund und rund üm de Welt!« lachte mein Onkel und ließ mich in diesem Glauben. Erst Jahrzehnte später fand ich in einem alten Lexikon der heidnischen Symbole, daß dieses Tier keineswegs einen Aal oder sonst irgendeinen Fisch darstellte, sondern jene Seeschlange, die bei den Griechen als Okeanos und bei den Indern als kosmische Schlange Ourboros bekannt war, die den ewigen Kreislauf des Universums verkörpert. Insofern lag mein Onkel mit dem Welt-Aal nicht so falsch. Die Inder stellten die Schlange meist auf Welt-Bildern dar, in denen sie sich um eine Lotosblüte ringelt, die sich inmitten des Ozeans entfaltet. Möglicherweise haben Rügener Kapitäne die Schlange in indischen Hafenstädten gesehen und sie von dort mit an die Ostsee gebracht.

Auch das Rund-um-die-Welt war kein Rügener Seemannslatein. Vor allem die Kapitäne von Altenkirchen, Breege und Schaprode segelten im 19. Jahrhundert tatsächlich weit über den Äquator hinaus.

Schon der bereits erwähnte Stralsunder Geschichtsschreiber Thomas Kantzow, Sekretär der pommerschen Herzöge und ein Reformator wie Johannes Bugenhagen, schrieb um 1530 in seiner *Pomerania:* »Ehedem hatten die Rugianer viel Schiffe, damit sie seewärts handelten und kriegten.« Dieser freie Seehandel war den mächtigen Hansestädten Stralsund und Wismar ein Dorn im Auge, und mit Hilfe der stets verschuldeten Rügener Ritterschaft versuchten sie, die Seeschiffahrt unter ihre Kontrolle zu bringen. Aber die von allen Stürmen gegerbten und mit allen Sturzseen gewaschenen Wittower Schiffer, die übrigens zu den wenigen Inselbewohnern gehörten, die nicht in der Leibeigenschaft der Pommernherzöge standen, riskierten Leib und Leben, um den mißgünstigen Hansen davonzusegeln. Sie hatten ihre Schiffe in Breege, Schaprode und Lietzow liegen und segelten mit Rügener Getreide nach Skandinavien und Frankreich.

Nach der Aufhebung der britischen Navigationsakte von 1849, die den Handel mit England nach 450 Jahren auch für nicht-britische Schiffe ermöglichte, kauften die Rügener Kapitäne Galeassen und Schoner und segelten bis England und Schottland hinauf. Um 1860 reiste der erste Breeger Tiefwassersegler sogar bis in die Karibik, nach Südafrika, Südostasien und Australien. Noch heute zeugen der große St. Georg in der Kirche zu Wiek, das schöne Votivschiff zu Rambin und einige Paare weißer Staffordshire-Pudel aus Porzellan in den Wohnzimmerfenstern von den weiten Reisen der Rügener Barken und Briggs.

Ich erinnere mich, daß meine Großtante Martha in ihrem Haus bei Promoisel zwei solcher Pudel besaß, denen ich als Kind gern über ihr rauhes Porzellanfell strich. Aber eines Tages waren sie verschwunden, und als ich traurig nachfragte, bekam ich zur Antwort: »Ach, de ollen Puffköter – de hebben wi wechgäbn, de füngen doch blots Staub.« Später erfuhr ich auch den Grund für diese plötzliche Ablehnung. Es war das Gerücht aufgekommen, diese Hunde seien in den englischen Hafenstädten die Geschäftsmaskottchen der Freudenhäuser: Wenn sie einander zugewandt auf dem Fenstersims hockten, dann zeige das an, daß die jeweilige Dame beschäftigt war, voneinander abgewandte Pudel signalisierten ein freies Bett. Damit hatten sie das Stigma der »Puffhunde« weg, und ihr wohnzimmerliches Ende war besiegelt.

Wahrscheinlich stammt das Gerücht über die Bordellhunde von einem cleveren Antiquitätenhändler. Heute sind sie so selten und teuer, daß selbst das Museum in Stralsund nur wenige Paare sein eigen nennen kann.

Das Aufkommen der Dampfschiffahrt und der Rückgang des Rügener Getreideexports brachten schon zum Ausgang des 19. Jahrhunderts das Ende des Windjammerstolzes auf Wittow. Die Rückkehr zu den beengten Verhältnissen auf der Insel fiel den Kapitänen und ihren Mannschaften, die sich zwischen der Nordsee und dem Südpazifik zu Hause fühlten, oft nicht leicht. Zwar heuerten die jüngeren Seemänner zähneknirschend auf Bäderdampfern und Ausflugsfähren an oder wurden Hafenmeister und Lotsen, aber viele alte Kapitäne weigerten sich, auf der Brücke eines Dampfschiffes zu stehen. Auch ihre Söhne hatten Schwierigkeiten mit den Regeln und Vorschriften des Landlebens. Der Sohn des Breeger Kapitäns August Ruge, der sich immerhin eines der ersten Automobile auf Rügen leisten konnte, wurde laut »Rügener Post« wegen Geschwindigkeitsüberschreitung und Verächtlichmachung der kaiserlichen Polizeigewalt angezeigt. Auf die Frage nach seinem Geburtsort hatte er dem Wittower Landjäger grob, aber wahrheitsgemäß zur Antwort gegeben: »Rio Grande – du Armleuchter!« Wer mehr darüber wissen will, kann die Geschichte dieser Rügener Weltumsegler in Wolfgang Rudolphs *Insel der Schiffer* nachlesen und erfahren, was für dramatische Reisen bis um Kap Hoorn von den heute so idyllischen Häfen ihren Ausgangspunkt nahmen.

Besonders gefragt waren die weißen Pudel mit aufgeschmolzenem Porzellangrus, der die Frisur der Tiere darstellte. Die Figuren wurden meist in Heimarbeit hergestellt und oft von Kindern bemalt. Damit hielt man den Preis niedrig, und der Absatz in den Hafenstädten war gesichert.

Dorina Kasten |
Englische Hunde, 1993

Maifrost

Mai, komm endlich doch ins Land,
  Du wirst nie zu früh gesandt:
    Wir zagen!
Frauen schließen dicht ihr Kleid,
  Das ist mir von Herzen leid:
    Wir klagen!

Ihre Festgewänder sie nicht zieren;
  Ach, Mai, das kannst nur du zu Ende führen.
    Sieh, Mäntel ziehn sie um die Brust!
    Winter, das ist arge Lust
    Von Kälte!

Huldigung schwör ich dir gern,
  Doch halt diesen Frost uns fern:
    Das lasse!
Doch es ist dein alte Plag
  Daß wir müssen unter Dach
    Ich hasse

All das schwere Leid, mit dem du höhnest.
  Nur damit, Winter, einzig du versöhnest
    Das ist freudenlange Nacht,
    Die dich hat zur Huld gebracht:
    Die halte!

Wizlaw III. von Rügen | *Minnelied,* um 1290

Sandkatzen am Strand von Juliusruh | 33

| Von Juliusruh über die Schaabe nach Bobbin

Am Strand von Juliusruh kann man eine Dünenerscheinung beobachten, die nicht einmal das *Deutsche Wörterbuch* der Brüder Grimm kennt: Sandkatzen. Zwischen Sandkasten und Sandkraut findet sich nichts, und auch das *Plattdeutsche Wörterbuch* von Johann Dähnert schweigt sich aus. Und doch gibt es sie. Schon lange bevor der britische Naturkünstler Andy Goldsworthy in der australischen Wüste roten Sand in die Luft warf, den der Wind anschließend verwirbelte, haben wir als Kinder das gleiche am Strand getan, ohne damit berühmt zu werden. Sandkatzen erinnern mich immer an Juliusruh. Meine Mutter trank im Sommer gern ihren Nachmittagskaffee auf der Terrasse des dortigen Strandschlößchens. Ob sie sich dabei mit ihren Freundinnen die romantische Geschichte von Julius von der Lancken erzählte, der dem Ort seinen Namen und ein Schloß mit großem Garten schenkte, kann ich nicht sagen. Ich habe die Romanze vom reichen Gutsbesitzer, der die arme Fischertochter Juliane Gaten aus Wiek heiratete und sich den Teufel um das Gezisch seiner adligen Verwandtschaft scherte, erst Jahre später gelesen. Als der schwärmerische Julius sich mit Schloßbau und Gartenparadies für seine Juliane übernahm, half ihm niemand. 1804 mußte er seinen gesamten Besitz verkaufen und ging völlig mittellos mit der Familie nach Berlin, wo er 1831 starb. Die Geschichte liest sich wie die Rache des Rügener Adels am Liebesglück eines verlorenen Sohnes: Man ließ den halb im englischen, halb im französischen Stil angelegten Park verwahrlosen, das kleine Schloß verfallen und sprach nicht mehr von seinen ehemaligen Herrschaften. Wir Kinder liefen durch den verwilderten Garten zum Strand, wo wir den feinen Ostseesand in die Luft warfen und zusahen, wie die Sandkatzen mit ihren grauen Schwänzen über die Dünen ins Meer huschten, und konnten nicht genug davon bekommen.

Der Rüganer Ostseesand war übrigens besonders begehrt für die Sanduhren, die Zeitmesser der Seeleute. »Glas« heißt das alte seemännische Zeitmaß und bedeutet eine halbe Stunde an Land. Der Name stammt vom Glas der Sanduhr, die auf den Segelschiffen meist in der Nähe des Kompasses hing und die

Verdammte lange schmale Heide!
Zu beiden Seiten brummt das Meer,
Versteckt in einem Aschenkleide,
Senkt sich der Himmel tief und schwer.

In Wittows weizengrünen Auen
Wohnt meine liebe Mähderin:
Ich muß auf Jasmund Kreide hauen,
Dieweil ein Taugenichts ich bin.

Wilhelm Müller | *Muscheln von der Insel Rügen,* 1827

halben Stunden zählte. Die Wache begann mit einem »Glas« und endete nach vier Stunden mit acht »Glasen«. Selbst die Chronometer und Präzisionsuhren konnten diesen Seemannsbegriff lange nicht ablösen, und als schon lange nicht mehr zu Mittag »die Sonne geschossen« und die geographische Breite mit Jacobsstab oder die Position mit dem Sextanten bestimmt werden mußte, hielt sich immer noch der Begriff des Glasens. Ernst Jünger hat in seinem *Sanduhrbuch* über die Geschichte und die Geschichten der Sanduhr in Krieg und Frieden geschrieben.

Von Juliusruh aus erstreckt sich über sieben Kilometer die Schaabe bis nach Glowe. Über sie ist schon Caspar David Friedrich mit seinem Skizzenbuch spaziert. Ob Friedrich aber tatsächlich hier oder auf einer Düne bei Arkona seinen berühmten »Mönch am Meer« von 1809 gemalt hat, wissen wir nicht, denn seine Briefe und Tagebücher schweigen sich über die Entstehungsgeschichte dieses Bildes aus. Immerhin hat er uns in den nachgelassenen Schriften seine Gedanken zu diesem Gemälde mitgeteilt: »Und sännest du auch von Morgen bis zum Abend, vom Abend bis zur sinkenden Mitternacht, dennoch würdest du nicht ergründen das unerforschliche Jenseits! Ein leiser Wind weht darüber hin und deine Spur wird nicht mehr gesehen.« Ich jedenfalls bin überzeugt, daß Friedrich, der große Rügen-Reisende, hier an der Schaabe entlang gewandert ist und daß er hier auch den Einfall zu seinem »Mönch am Meer« hatte.

Die Schaabe ist neben der Schmalen Heide bei Mukran der längste Dünenstrand der Insel, und zu Friedrichs Zeiten konnte man hier stundenlang spazierengehen, ohne einer Menschenseele zu begegnen. Solche Spaziergänge liebte er, wie er dem russischen Schriftsteller Wassili Andrejewitsch Shukowski anvertraute: »Ich muß allein bleiben und wissen, daß ich allein bin, um die Natur vollständig zu schauen und zu fühlen, ich muß mich dem hingeben, was mich umgibt, mich vereinigen mit meinen Wolken

und Felsen, um das zu sein, was ich bin.« Nirgends hätte er das besser tun können als an diesem Strand. Zehn Jahre nach Friedrichs letzter Rügen-Reise, besuchte der Schriftsteller Heinrich Laube die Schaabe auf seinem Weg von Sagard zum Kap Arkona. Der spätere Intendant des Wiener Burgtheaters stand nach dem Verbot seiner Zeitungen und Schriften vor dem finanziellen Ruin, als ihn das Angebot seines Mannheimer Verlegers Hoff erreichte, gegen gutes Honorar ein paar Reisenovellen zu verfassen, die schon damals in Mode waren. Also reiste er im Herbst 1836 über Stettin und Swinemünde nach Rügen und kam dabei auch an der Schaabe vorbei, die er allerdings mit gemischten Gefühlen betrachtete. Hören wir ihm einen Moment zu, bevor wir weiterfahren:

»Auf dem harten Wagen über die Schaabe nach Arkona, das tat weh! Da nämlich, wo das Meer beginnt und der Bodden stolz und wohlgemut der großen Wassermutter in die Arme eilen könnte, da drängt sich wie eine skurrile Ironie eine schmale, klägliche Landzunge zwischen den Bodden und das Meer und zieht sich von Jasmund bis nach Wittow hinüber. Diese Landzunge ist ein schmaler, kaum ein wenig über den Wasserspiegel erhöhter Sandstrich und heißt ›Die Schaabe‹. Vielleicht seiner schäbigen Beschaffenheit wegen. Die Seeraben halten hier kleine Casinos, aber sie genießen nichts da, sie kosten nur einmal die Landruhe. Nirgends habe ich so viele Möwen gesehen als auf der Schaabe, von allen Farben, schwarz und weiß, grau und weiß, grau, weiß sitzen sie hier und konspirieren. Der Wagen, um festen Boden zu haben, fährt mindestens mit einem Rad in der See, und sie lassen ihn oft ganz nahe kommen, sie fliegen und schwimmen ein ungestörtes, sicheres Leben.« Ein Mitreisender aus Siebenbürgen fragte verstört, was mit ihnen auf diesem Strand im Falle einer plötzlichen Flut geschehen würde. »Wir ersöffen«, erwiderte der Sagarder Kutscher.

Es ist diese trockene Lakonie, die ich an meinen Insellandsleuten schätze. Von bösen Erfahrungen und harter Arbeit bei jedem Wetter geprägt, sind sie vollkommen unfähig zu Pathos und Überschwang. Diese Eigenschaft vereint alle Rüganer, so verschieden sie auch ansonsten sein mögen. Denn wenn man auf einen Hügel oder einen Kirchturm steigt, dann erkennt man schnell, daß Rügen ein Archipel ist. Wittow und Jasmund sind durch die Schaabe und die Schmale Heide nur dürftig mit dem Inselkern

Erzieherin:
Das ist die See bei Rügen.
Erste Demoiselle:
Wo Kosegarten wohnt.
Zweite Demoiselle:
Wo die Kolonialwaren
herkommen.
Erzieherin:
Warum er nur so
trübe Luft gemalt?

Heinrich von Kleist |
Verschiedene Empfindungen
vor einer Seelandschaft
von Friedrich, 1810

verbunden. Noch meine Großeltern sagten, sie müßten »nach Rügen«, wenn sie von Sagard nach Bergen fuhren. Und so empfindet sich der Windländer auch immer noch als Wittower und nicht als »Rüganer«, und genauso sehen es die Jasmunder, die Mönchguter, die Zudarer und die Ummanzer – von denen auf Hiddensee und dem Vilm ganz zu schweigen. Das hat nichts mit Lokalpatriotismus zu tun. So verschieden die Rügener Landschaften sind, so verschieden sind ihre Mentalitäten bis heute. Auch das macht eine Reise über die Insel so abwechslungsreich.

Von der Schaabe nach Bobbin braucht man auf dem Rad mit Rückenwind und bei gutem Wetter eine Stunde. Unter Umständen kann es länger dauern. Umstände können zum Beispiel die Aussichten über die Felder aufs Meer sein, die einen immer wieder zum Anhalten verleiten. Umstände können auch lange Skatabende in den Kneipen von Altenkirchen und Glowe sein. Ich habe einmal spätabends, von einem Konzert kommend, einen älteren Mann mit seinem Fahrrad getroffen, das ihm nicht mehr gehorchen wollte und ihn offenbar schon mehrmals in den Graben geworfen hatte. Als ich bei ihm ankam, hielt er es an der Lenkstange wie einen störrischen Esel und sprach in langsamem Platt auf das Rad ein:

»Nu mok doch nich so 'n Schiet. Wir möten doch nu nach Huus, du und ick. De Ollsch luurt doch schon up uns mit 'n Utklopper. Nu stell di doch nich so verdwaas.«

Worauf er sich langsam wieder auf den Sattel quälte, ein paar mühsame Tritte in die Pedalen machte, gefährlich nach links und rechts schwankte und schließlich wieder in den Graben fiel. Als ich anhielt und ihn fragte, ob ich helfen könne, schüttelte er nur traurig den Kopf.

»Lat man gaut sin, Brauder. Süss kriegst du ok noch wat mit den Utklopper, wenn du mitgeihst. Dat möten wir beie nu schon alleen utbaden.« Unter solchen Umständen dauert es natürlich etwas länger.

Zwischen dem Badeort Glowe und dem Dorf Ruschvitz erstrecken sich überwachsene Erdwälle, die 1938 vom Reichsarbeitsdienst aufgeschüttet wurden, als man einen Eisenbahndamm für einen geplanten U-Boothafen im Großen Jasmunder Bodden anlegte. Nach 1945 wurden die Bauarbeiten wieder aufgenommen, bis der 17. Juni 1953 den Plan endgültig durchkreuzte. Aber die Gerüchte über diese geheimnisvollen Hafenanlagen hielten sich bis in die Jahre meiner Kindheit.

Die Gebäude der Seefunkstation Rügen-Radio, über die Generationen von Seeleuten ihre Heimfahrt anmeldeten oder Geburtstagstelegramme verschickten, stehen verlassen am Ortsausgang von Glowe. Auch hier haben moderne Satelliten die traditionellen Funkverbindungen überflüssig gemacht. Nur der Name des alten Senders ist geblieben.

Hinter dem Weiler Ruschvitz, aus dem übrigens Störtebekers Kumpan Goedeke Michels stammen soll, fährt man auf der Sagarder Landstraße weiter, und bald schon zeigt sich zur Rechten am See das rote Schloß Spyker und zur Linken am Berg die alte Kirche von Bobbin. Hier habe ich als Kind den Ausblick über die Jasmunder Felder und den Bodden bewundert und durfte einmal sogar in den Kirchturm hinauf und durch die Schallöcher über die Insel schauen. Bei günstigem Wetter reicht die Sicht bis Stralsund im Süden und weit über Arkona im Norden. In den alten Urkunden wird das Dorf Bobbin als »Ecclesia de babyn« 1250 im Besitz des Klosters zu Bergen aufgeführt, und 1401 verlieh Papst Bonifazius IX. den Kirchgängern und Patronatsherren »von St. Pauli in Babyn« vatikanischen Ablaß.

Nach der Reformation fiel das Patronat von Bobbin an die Pommerschen Herzöge und um 1640 an die Familie von Jasmund. Nach dem Tod des letzten Herrn von Jasmund wurden Besitz und Patronat 1649 zum erledigten schwedischen Lehen erklärt und an den Feldmarschall und Reichsadmiral Carl Gustav von Wrangel verliehen, der auch schwedischer Generalgouverneur von Pommern und Rügen war. Die Kirche besitzt ein schönes Porträt des alten Wrangel, das aber leider im Pfarrhaus hängt, weil der Kirchendiebstahl gerade in diesem Gotteshaus besonders schlimm gewütet hat.

Gleich unter der Wrangelschen Patronatsempore findet man einen schönen Beichtstuhl von 1745, der mit naiven Malereien geschmückt ist. »Wandelt wie die Kinder des Lichts« steht unter einem fröhlichen Wanderburschen vor einer Felsenlandschaft. Auf Rügen klingt das wie eine Aufforderung zum Spaziergang über die Dörfer und an den Hochufern entlang.

Wrangel muß das kleine Schloß mit den vier runden Ecktürmen an seinen heimischen Barockpalast erinnert haben, und offenbar fühlte sich der alte Feldmarschall hier wohler als am Hof zu Stockholm. Er ließ Spyker aufwendig umbauen und von den berühmten Stukkateuren Lohr und Eriksson mit

prachtvollen Stuckdecken ausstatten, welche die vier Elemente, die vier Jahreszeiten, das Urteil des Paris sowie Perseus und Andromeda darstellen, alles umrankt von schweren Blumen- und Obstgirlanden. Aus diesem bukolischen Idyll riß ihn der Befehl seines Königs zum Feldzug gegen Brandenburg, der mit seiner Niederlage bei Fehrbellin endete. Ein Jahr später starb Wrangel unerwartet und gab damit Anlaß zu vielen Spukgeschichten, die noch heute durch Spyker geistern.

Es begann mit einem Flugblatt, das ein paar Monate nach Wrangels Tod im Jahr 1676 in Stralsund zu kursieren begann. Darin wurde behauptet, der erzürnte Schwedenkönig habe den Feldmarschall nach dessen schmählicher Niederlage gegen Brandenburg zur Abstrafung nach Stockholm befohlen, und als der Vorgeladene sich mit seinem Alter herausredete, einen Reichskommissar mit einem Todesurteil im Gepäck nach Stralsund gesandt. In einer sternklaren Sommernacht soll der Abgesandte mit einem Pikett Reiter und dem Scharfrichter von Stralsund auf Spyker Einlaß gefordert haben.

Die schweren Eichentüren des Schlosses öffneten sich lautlos, die Diener wurden überrumpelt, auf dem Boden des Rittersaals eine schwarze große Samtdecke ausgeschlagen und ein Richtblock aufgestellt. In den Wandleuchtern entzündete man schwarze Kerzen, und die schwerbewaffneten Reiter postierten sich an den Eingängen. Plötzlich öffneten sich die Saaltüren, und zwei schwarzgekleidete Knechte führten einen alten Mann herein, dessen Gesicht von einer Maske verhüllt war. Man drückte ihm eine Bibel in die Hand und ließ ihn neben dem Block niederknien. Dann trat ein Geistlicher aus dem Dunkel und flüsterte mit dem Alten, der nicht zu verstehen schien, was mit ihm vorging. Schließlich schlug der Priester das Kreuz über dem Knienden und nahm ihm die Bibel aus den Händen. Kaum war er im Dunkel des Saales verschwunden, trat eine andere Gestalt auf den schwarzen Samt, und ihre spitze Kapuze warf einen gespenstischen Schatten an die Wände: der Scharfrichter. Er trug ein blankes Schwert vor sich her und wartete, bis die beiden Knechte den Nacken des Alten entblößt und seinen Kopf auf den Richtblock gelegt hatten. Zwei Reiter traten hinzu und hielten seine Arme fest. Der Kommissar nickte dem Henker zu und flüsterte die einzigen Worte, die in dieser Nacht gesprochen wurden: »Im Namen des Königs, walte Deines Amtes!«

Wallenstein:

Ein Wrangel war 's der vor Stralsund viel Böses / Mir zugefügt, durch tapfre Gegenwehr / Schuld war, daß mir die Seestadt widerstanden.

Friedrich Schiller |
Wallensteins Tod, 1800

Noch heute erzählt man sich, daß an einer Wand im Nordostturm ein Blutfleck erscheint, der sich nicht abwaschen läßt. Man hat es mit neuem Putz versucht, man hat das Mauerwerk bis auf einen halben Stein ausgeschlagen – es hilft nichts. Der Fleck kommt immer wieder. Soweit die Legende. Der verdienstvolle Alfred Haas hat auch in diesem Fall die Quellen gründlich studiert und ist schon 1912 zu dem Schluß gekommen, daß diese düstere Sage nichts als blühende Gruselphantasie ist. Er fand in den Archiven einen Bericht des Greifswalder Arztes Christoph Hellwig, welcher am 16. Juni 1676 nach Spyker gerufen wurde und dort bis zum 24. Juni, Wrangels Todestag, an dessen Sterbebett saß und sogar seinen Abschiedsbrief an den schwedischen König aufnahm.

Wrangel starb ohne männliche Nachkommen, und so erbte seine jüngere Tochter Eleonora Sophia, die mit einem Obristen zu Putbus verheiratet war, den Spykerschen Besitz. Als Eleonora 1687 verstarb, fiel die Herrschaft an ihre ältere Schwester, die einen Grafen Brahe geehelicht hatte. Die Familie Brahe und ihr melancholischer Sproß Magnus spielen samt Spukturm und Schloß dann auch eine tragische Rolle in Philipp Galens *Strandvogt von Jasmund*. Wrangel selbst aber ist in die Weltliteratur eingegangen. Schiller läßt ihn in einer entscheidenden Szene in *Wallensteins Tod* auftreten und dem Feldherren die geheimen Bedingungen überbringen, unter denen die Schweden seinen geplanten Abfall vom Kaiser akzeptieren würden. Wallenstein erkennt in dem Gesandten sofort seinen alten Widersacher, der ihm die Einnahme von Stralsund und damit den Titel eines Admirals des Baltischen Meeres verwehrte. In Kleists *Prinz von Homburg* wird Wrangels spätere Niederlage gegen die Truppen des Großen Kurfürsten bei Fehrbellin dann zum Anlaß für das tragische Lehrstück über den preußischen Konflikt zwischen Pflicht und Neigung.

Das Schloß Spyker zählt heute zu den ersten Häusern am Platz. Spukgeschichten gehören nun einmal zu einem wirklich feudalen Hotel, und man frühstückt nirgends auf Rügen feudaler als unter den Spykerschen Stuckdecken.

Es ging die Sage, daß in einem der Turmfenster von Spyker um Mitternacht eine weiße Gestalt sichtbar werde, mit einem Tuch wie zum Gruß winkend, und nach einiger Zeit in dem geheimnisvollen Inneren wieder verschwinde.

Philipp Galen | *Der Strandvogt von Jasmund*, 1860

Rügen ist altes Bienenland, Bienenzucht und Bienenwirtschaft standen in hoher Blüte, wie schon die Erzählung Helmolds von dem gewaltigen Honig-kuchen zeigt, der beim Fest des Swantevit geopfert wurde. Auch mehrere rügensche Orts-und Flurnamen weisen darauf hin, und das alte Dorf Stubben ist sicher auch nichts als ein wendisches *stubno,* also ein Bienenkeller gewesen. Die Stubnitz selbst war sicher nicht nur Bienenkeller, Aufbewahrungsort für Bienenstöcke im Winter, sondern bot auch an ihren Rändern Bienenweiden. Der erste, der den Namen erwähnt, ist der Magister Johann Rhenan, Pfarrherr und fürstlicher Salzgraf zu Soden in Hessen, der im Jahr 1584 Vorpommern und Rügen bereist, um hier Salzquellen und Mineralien zu entdecken. Er nennt in der Stubnitz auch *Stueben-Kammer* und den *Kunigstuel.* Im letzten Jahrzehnt des 18. Jahrhunderts begann dann die Reiseliteratur über die Insel einzusetzen: Zöllner, Wilhelm von Humboldt, Rellstab, Nernst, Grümbke, Schneider und andere. Fast sämtliche Verfasser äußern ihr lebhaftes Entzücken über die Schönheiten Rügens, und überall steht die Stubbenkammer im Mittelpunkt ihrer Lobeserhebungen.

Otto Knoop | *Rügens Flurnamen,* 1928

Seenebel bei Sagard | **49**

Von Bobbin nach Buddenhagen

Die Alleenstraße, die von den Weilern Baldereck und Nardevitz nach Hagen und in die Wälder der Stubnitz führt, ist mir die vertrauteste Straße der Insel. Es gibt schönere Alleen, und es gibt bessere Straßen, aber es gibt kaum eine, die sich mit ihren Landschaften und Aussichten messen kann. Die Rapsfelder zwischen dem Bisdamitzer Bach und dem Babelonberg, verschwundene Dörfer, an die nur noch Mauerreste und Flurnamen erinnern, wie Banzin, Mühlberg oder Rusewase. Der weite Blick übers Land bis zur Tromper Wiek von dem Feldhügelgrab, das im Volksmund »die Schildkröte« heißt, über das Quoltitzer Feld oder die Türme von Hoch Selow. Die Feldwege, die von Nardevitz vorbei an den Fürstengräbern und am Bakenberg zum Kreidebruch von Gummanz und nach Wesselin führen. Das Steilufer zwischen Höllgrund und Stubbenhörn mit seinen Bächen und Wiesen. Die Forstwege der Stubnitz, die sich von der Hagener Holzkoppel aus in alle vier Himmelsrichtungen verzweigen und an Hochmooren und Waldseen vorbei auf Lichtungen und Berge führen.

Meine Vorfahren stammen aus dem Baumhaus bei Buddenhagen. Solche Baumhäuser ließ die fürstliche Forstverwaltung im 18. Jahrhundert einrichten, um des Holzdiebstahls in den Jasmunder Wäldern Herr zu werden. Die Baumhausbewohner waren zumeist Waldarbeiter, die neben der üblichen Forstarbeit auch die Holzaufsicht zu verrichten hatten. Mein Urururgroßvater Matthias Heinrich Steinort bewohnte als erster das niedrige Baumhaus zu Buddenhagen, das zur Zeit der Aufhebung der Leibeigenschaft durch Gustav IV. Adolf um 1806 gebaut wurde. Während der französischen Besatzungszeit werden sie Einquartierung durch die Truppen des General Grandjean gehabt haben. Der schwedische König, der Napoleon zunächst großspurig herausgefordert hatte, ließ die Rüganer im September 1807 im Stich und zog sich zurück, worauf die Franzosen mit den Italienern und den Rheinbundtruppen einmarschierten. Zeitweise sollen bis zu 6 000 französische Soldaten auf der Insel stationiert gewesen sein. Sie verlangten Quartier, Verpflegung und Kriegssteuer. Die Rügener Hausmannskost schmeckte ihnen nicht.

Sie forderten Hühnchen und Kuchen und nagelten die dünnen Pfannkuchen und die Salzheringe höhnisch an die Scheunentore.

Pfarrer Kosegarten und der Gingster Diakon Göbel haben ausführliche Zeugnisse über diese Besatzungsjahre hinterlassen, und der Potsdamer Chirurg Ernst Philipp Lange schrieb 1849 unter dem Pseudonym Philipp Galen einen patriotischen Abenteuerwälzer, den *Strandvogt von Jasmund,* in dem die Franzosen erwartungsgemäß schlecht wegkommen: Eitle und oberflächliche Bonvivants, die den treuen und tapferen Deutschen nicht das Wasser reichen können. In Wirklichkeit scheinen die Besatzer nicht ganz so unbeliebt gewesen zu sein, wie Galen es darstellt – selbst bei dem franzosenhassenden Dichter und Inselpatrioten Ernst Moritz Arndt findet sich außer nationaler Rhetorik kein einziger Hinweis auf einen konkreten Übergriff, den er anderenfalls ausgiebig kommentiert und verbreitet hätte. Er empörte sich mehr über jene gebildeten Insulaner, denen die Weltläufigkeit und Eleganz der Franzosen offenbar mehr zusagte als die patriotischen Reime aus dem Hause Arndt.

Rügens bessere Kreise parlierten und briefstellerten französisch, spielten und tranken französisch, tanzten und musizierten französisch und liebten à la française. Das taten allerdings offenbar auch die unteren Klassen, denn die Okkupanten hinterließen bei ihrem hastigen Abmarsch nach den Debakeln des russischen Feldzuges etliche uneheliche Nachkommen, welche die Kirchenbücher säuerlich registrierten. 1809 war der Napoleonverächter Gustav IV. Adolf – nach Kriegserklärungen Rußlands und Dänemarks an Schweden – durch eine Palastverschwörung seiner Generäle zur Abdankung gezwungen worden, und sein alter Onkel, der Herzog von Södermannland, hatte als Karl XIII. den schwedischen Thron bestiegen. Da er kinderlos blieb und der Stockholmer Reichstag Napoleon besänftigen wollte, wählte man den französischen Marschall Bernadotte zum Kronprinzen, und Karl adoptierte ihn umgehend. So erhandelte man sich einen fähigen Thronfolger und einen günstigen Frieden. Napoleon zog seine Truppen

Auf Rügen blühte die blaue Blume der Romantik damals nicht, der Boden war ihr durchaus nicht günstig, die Lage zu zerquält.

Franziska Tiburtius | *Erinnerungen einer Achtzigjährigen,* 1925

im Frühjahr 1810 von Rügen ab, und die Schweden kehrten zurück. Bald blühte der Schwarzhandel mit englischen und amerikanischen Waren, die auf Schiffen über die Nord- und Ostsee geschmuggelt wurden, wieder auf. Die schwedischen Offiziere und Beamten drückten offenbar beide Augen zu. Selbst in den Amts- und Pfarrstuben trank man geschmuggelten Kaffee und rauchte zollfreien Tabak.

Außer sich vor Wut über die Nachlässigkeit seiner schwedischen Statthalter, schickte Napoleon im Januar 1812 neue Truppen, diesmal unter dem Scharfmacher General Morand, der zum Gouverneur von Rügen ernannt wurde. Nach den verheerenden Niederlagen der Grande Armée von Moskau und Smolensk wurde er aber bald wieder zur Unterstützung der französischen Truppen nach Rußland abgezogen. Bernadotte, der ein feines Gespür für umschlagende politische Wetter und Strömungen hatte, stellte sich eilig gegen seinen glücklosen Kaiser Napoleon. Im März 1813 landeten schwedische Truppen auf Rügen, und im Juli kam Bernadotte selbst auf die Insel, um die Ritterschaft und den pommerschen Landsturm zu inspizieren. Der Landsturm war ansehnlich, aber die Rügener Ritterschaft zeigte sich von ihrer erbärmlichsten Seite und lag Bernadotte mit Entschädigungsklagen wegen angeblicher Plünderungen durch die Franzosen in den Ohren. Der Marschall und frischgebackene schwedische König war jedoch nach der Schlacht von Bautzen und dem von Metternich eingefädelten Waffenstillstand zu den Alliierten gestoßen, zum Oberbefehlshaber der Nordarmee ernannt worden und hatte andere Sorgen. Gemeinsam mit den Russen unter Alexander I., den Preußen unter Blücher, den Böhmen unter Schwarzenberg und den Bayern unter Benningsen schlug er Napoleon am 19. Oktober 1813 in der Völkerschlacht bei Leipzig. Einer von Bernadottes Adjutanten war Wilhelm Malte zu Putbus, die rühmliche Ausnahme unter Rügens Adel. Nach der Schlacht schrieb er an seine Gattin Louise: »Alle hiessen mich einen Toren, in meiner Lage mein Leben so aufs Spiel zu setzen. Da mögen sie recht haben, allein in solchen Fällen hat der weniger Mutvolle nur den Nachteil der Angst, denn mit Ehren kann man doch nicht zurückreiten. Ich habe sie Gottlob! nicht ausgestanden, denn ich scheine einmal in der Welt zum Glücke geboren zu sein und darauf vertrauen zu dürfen.« Er durfte, und so kehrte der Fürst im Herbst 1813 nach Rügen zurück und baute Putbus zu einer der anmutigsten Residenzstädte des nördlichen Europas aus.

Napoleon war geschlagen, Rügen wieder frei. Es gab einen kurzen schwedischen Kuhhandel mit den Dänen, von denen man nach dem Separatfrieden von 1814 die pommerschen Besitztümer gegen Norwegen eintauschen wollte, aber der Wiener Kongreß spielte dabei nicht mit. Kanzler Hardenberg, Freiherr vom Stein und Wilhelm von Humboldt, der Rügen gut kannte, intervenierten, Fürst Malte schrieb dringende Briefe an den preußischen Minister Graf Hackel; Fürst Metternich, Marschall Talleyrand und Lord Castlereagh war Rügen egal, und so fiel es nach 166 Jahren schwedischer und sechs Jahren französischer Herrschaft an Preußen. Ernst Moritz Arndt dichtete eine schwülstige Hymne und wurde über Nacht zum glühenden Preußen. Schweden und Dänemark ließen sich ihren Verzicht von der heiligen Allianz teuer bezahlen und waren froh, die sturen Pommern los zu sein. Was blieb? Eine tiefe Liebe zu allem Skandinavischen bis auf den heutigen Tag und ein paar schöne verballhornte französische Worte wie Adjö, Muckefuck und trikolorsche Katze.

Der Stammbaum unserer Familie mütterlicherseits geht in den Sagarder Kirchenbüchern bis 1790 zurück, und ich erinnere mich an viele Rügener Spuk- und Schelmengeschichten, die auf Geburtstagsfeiern wieder und wieder erzählt wurden. Meine Großmutter hatte dreizehn Geschwister, und entsprechend groß war die Anzahl der Feiern, der Gäste sowie die Variationen dieser Geschichten. Entgegen den landläufigen Vorurteilen verstehen die Rüganer sehr wohl zu feiern und zu erzählen, wenn sie unter sich sind. Auch ich würde jetzt gern eine Pause einlegen und von meiner Großmutter erzählen, die Hexen abwehren und Warzen besprechen konnte, von den Sanges- und Zauberkünsten meines Großvaters oder von der See-und Trinkfestigkeit meiner Großonkel. Aber dazu reichen weder die Zeit noch der Platz in diesem Buch, und so werde ich nur die Geschichte jenes schon erwähnten Onkels Paul erzählen, mit dem ich viele Jahre lang über die Insel gewandert bin und dessen Leben mir für viele Rügener Schicksale des vergangenen Jahrhunderts bezeichnend scheint.

Wenn man vom Walddorf Promoisel über den Bonerberg in die Stubnitz wandert, kommt man an Rusewase vorbei. Hier stand das Baumhaus, in dem meine Mutter geboren wurde. Heute zeugen davon

Viktoria! Viktoria! So eine Leipziger Schlacht taut doch die frostigsten Kerle auf. Wie lange sind wir an die Fremden wie weggeworfen gewesen! Aber wer sichert uns, wenn man uns dem großen Hunde auch abjagt, daß wir nicht wieder einem Hündchen als Entschädigungsbissen hingeworfen werden?

Friedrich Arndt | an seinen Bruder Ernst Moritz, 1813

nur noch die Kirschbäume und ein paar Reste der Grundmauern. Baumhäuser waren nach der Holzordnung des Herzogs Ernst Ludwig schon 1586 errichtet worden. Sie erlaubte das Betreten der Stubnitz nur noch auf vier Hauptwegen und ließ das Holzsammeln und den Vieheintrieb in Buddenhagen, Hagen, Rusewase und Schwierenz von Forstwächtern kontrollieren. Rechterhand auf dem Feld liegen die Sehlitzer und Dargaster Kreidebrüche, in denen längst keine Kreide mehr abgebaut wird. Sie sind »aufgelassen«, wie man auf Rügen sagt, und das Regenwasser sammelt sich auf ihrem Grund.

Hinter Bresnitz führt ein Waldweg über den Baumhausberg nach Buddenhagen. Hier habe ich die abenteuerlichsten Jahre meiner Kindheit verbracht. Mein Onkel Paul, der eigentlich mein Großonkel war, wohnte hier mit seiner Frau im Parterre des alten Kreidewerkshauses. 1910 geboren, kam er 1933 von Sagard nach Buddenhagen, seine Mutter war Wäscherin in einer Gutswaschküche, sein Vater Albert Kutscher beim Herrn Schumacher, dem Gutsbesitzer. Vorher hatte er im Kreidebruch gearbeitet, mit der Spitzhacke Rohkreide losgeschlagen, die dann von Martinshafen verschifft wurde, nach Züssow und Stettin. Die Stellung als Kutscher war besser als die Schufterei in der Kreide, aber das Glück hielt nicht lange. Im August 1914 wurde Albert eingezogen und schon zu Sylvester des ersten Kriegsjahres tödlich verwundet. Eine Tafel in der Sagarder Kirche erinnert an ihn, den Landwehrmann Albert Werner, gefallen am 31. 12. 1914. Gefallen – dieses verharmlosende Wort, das den sinnlosen Tod in sinnlosen Kriegen erträglich machen soll, als stünden die Toten eines Tages wieder auf und kämen zurück, – es sollte noch oft in unserer Familiengeschichte vorkommen. Pauls Mutter Anna, allein mit zwei kleinen Jungen, mußte sich beim Pommerschen Industrieverein in Quatzendorf als Planschauflerin im Kreidebruch durchschlagen, wo sie mehr verdiente als auf dem Gut. Nach Kriegsende heiratete sie den Kreidearbeiter Wilhelm Husmann, damit die Kinder wieder einen Vater bekamen. Der kleine Paul hatte Glück, es gab keine Prügel, aber auch nur ein Bett für die zwei Jungens, Strohsäcke und Decken aus Sackleinen, zu mehr langte es nicht, so wird er mir später erzählen.

Jeden Samstag ging es zum Pastor Fibelkorn in die Bibelstunde, da setzte es Backpfeifen, wenn einer in Holzpantinen in die Kirche kam oder die zehn Gebote durcheinander brachte. Aus Rache klauten die

Konfirmanden Äpfel und Pflaumen aus dem Pfarrgarten und spielten Murmeln auf den geweihten Grabsteinen. Nach der Konfirmation 1924 hatte Paul zum Stolz der Eltern eine Zimmermannslehre bei Max Grabbert in Sassnitz angetreten, ein großes Baugeschäft mit elf Lehrlingen. Man mußte kein Lehrgeld zahlen, sondern bekam schon sechs Mark die Woche im ersten, zwölf Mark im zweiten, und stolze achtzehn Mark im dritten Lehrjahr. Das waren die besten Jahre, erzählte mein Onkel später, wenn wir in Sassnitz an Häusern vorbeigingen, die er mitgebaut hatte.

1924 bis 1927, das war die beste Zeit. Die Seebrücke in Sellin hat er mit ausgebessert nach dem Eiswinter 1926 und die Anleger von Lauterbach zum Vilm und von der Glewitzer Fähre aufs Festland nach Stahlbrode. Gleich nach Ende der Lehre begann er ab April 1927 als Junggeselle mit einem Stundenlohn von 1,10 Reichsmark. »Gutes Geld«, sagte er, »ich war schließlich in der Gewerkschaft und in der SPD, damals.« Doch bald kamen die schlechten Jahre, schon Ende 1927 waren mehr als die Hälfte der pommerschen Landwirtschaftsbetriebe hoch verschuldet und steuerten mit wachsender Inflation auf den Konkurs zu. 1928 wurde die Stettiner Vulkan-Werft stillgelegt, und im Oktober 1929 kam es an der New Yorker Wallstreet zum Banken- und Börsenkrach, der die Weltwirtschaftskrise auslöste, deren Ausläufer auch Deutschland und die Insel Rügen erschütterten. Drei Jahre später wurden in Pommern 23,7 Prozent Arbeitslose registriert, auch das Baugewerbe entließ. Onkel Paul mußte stempeln gehen. »Wir haben nur noch an den Ecken herumgelungert und geschimpft«, erinnerte er sich später, »auf die Nazis mit ihren Trommlerumzügen genauso wie auf die Kommunisten mit Schalmei und Bumsvallera.«

Das Reichsbanner organisierte Tanzabende auf Kapelle, da lernte Paul die junge Ella Steinort kennen, die beim Bauern Käning in Stellung war. Vorher bei Malte Blodow in Promoisel und in der Gaststätte Brinckmanns Höhe bei Neddesitz: Um vier Uhr aufstehen, Wasser pumpen, Vieh füttern, melken, Milch zentrifugieren, das Haus putzen, nach dem Frühstück aufs Feld. Der Tanz am Sonntag war das einzige Vergnügen. Die Jungen schubsten die Mädchen auf dem Tanzboden von der Tenne ins Heu, und Ella versteckte sich hinter Pauls breitem Zimmermannskreuz. Da war es klar, sagte Paul, die wird meine Braut. Im Frühjahr 1932 heirateten sie in Sagard bei Wedow in der Brunnenaue. Im November kamen die

Auf Rügen ist alles in Aufruhr und Begeisterung, indem jeder darin das Mittel erblickt, den Kreideberg in einen Goldberg zu verwandeln.

Friedrich von Hagenow |
Tagebuch, 1844

Nazis bei den Reichstagswahlen auf 33 Prozent im Reich und auf 43 Prozent in Pommern. Es gab jedes Wochenende Saalschlachten zwischen Reichsbanner, Kommunisten und Nazis, im »Deutschen Haus« und im »Reichshof«. Aber da waren die großen Schlachten schon alle verloren, und Hitler wurde am 30. Januar 1933 von Hindenburg zum Reichskanzler ernannt. »Wir haben gedacht, der hält sich keine zwei Monate, der und die anderen Quackbüddel«, sagte mein Onkel. »Över dor häbbn wi uns bannig anschäten.« Plötzlich gab es wieder Arbeit, auch auf Rügen, Paul wurde eine Stelle als Zimmermann und Böttcher angeboten, im Kreidewerk von Hertel & Co. in Buddenhagen, wo Otto Rieger Werkleiter war. Später wird es heißen, Hertel sei Jude gewesen und hätte Rieger als Strohmann eingesetzt, er hatte angeblich das Geld dazu. Otto Rieger wiederum soll über gute Beziehungen zur SA-Führung in Sassnitz und Bergen verfügt haben, aber darüber sprach man später nicht mehr und heute schon gar nicht. Bald gab es überall wieder Arbeit, ab 1935 beim Rügendamm und ab 1938 in Prora beim KdF, wo die Reichsarbeitsfront der Volksgemeinschaft das größte Kraft-durch-Freude-Seebad aller Zeiten zu bauen versprach. Auch die Stettiner Vulkan-Werft wurde wieder eröffnet und auf Peenemünde unter Leitung von Wernher von Braun eine Versuchsanstalt für Hitlers »Wunderwaffe«, die V-1, gebaut.

Aber als der Führer dann seine Volksgenossen statt an den Strand in den Krieg schickte, war die ganze Herrlichkeit vorbei. Otto Rieger soll in der Kneipe gesagt haben: »Wenn ick den östreichschen Heini in'n Mors här, den schitt ick inne Ostsee.« Das beendete auch seine guten Beziehungen zur SA-Führung.

Mein Onkel Paul bekam seinen Gestellungsbefehl, Musterung in der »Fürstenkrone« in Sassnitz, am 8. Mai 1939 ging es nach Stettin zum 51. Flakregiment zum Schleifen. »Ihr Arschlöcher wollt Ausgang?« brüllte Unteroffizier Krechow ihn und die anderen Rekruten an. »Ihr könnt ja noch nicht mal geradeaus laufen, ihr pommerschen Rübenfresser!« Von Stettin ging es nach Köln und Aachen und weiter an die holländische Grenze. Onkel Paul war nie über Stralsund hinausgekommen und sah plötzlich eine Stadt nach der anderen. »Ich wußte doch gar nicht, daß Deutschland so schön ist«, sagte er später zu mir. Als er mir von seiner Reise in den Krieg erzählte, war ich 13 Jahre alt, und wir saßen auf der Bank vor der Küche des Kreidewerks von Buddenhagen. Nach dem Krieg, in dem er mit Hitlers Wehrmacht bis an den

Ladogakanal marschiert war, und nach abenteuerlichem Rückzug über Lettland, Litauen, Danzig und Königsberg geriet er in englische Kriegsgefangenschaft. Vorzeitig entlassen, schlug er sich mit britischem Entlassungsschein und einem großen Rucksack voller Fressalien, Kaffee, Schokolade, Dauerwurst und Zigaretten von der Lübecker Bucht über Wismar und Rostock bis nach Stralsund durch.

Aber auf dem Rügendamm stand ein sowjetischer Posten und wollte die Papiere sehen. »O Kamerad, deine Papiere Scheiße!« sagte der Sergeant, zerriß das englische Schriftstück und warf es von der Brücke in den Sund. »Du in Keller, Kamerad, Holz hacken, dawai!« Der Rucksack wurde ihm abgenommen, und er kam in Altefähr in einen Keller, in dem schon andere Heimkehrer hockten und ihres Schicksals harrten. Nach einer Woche gab es Gerüchte über Erschießungen und Abtransport nach Sibirien, da packte meinen Onkel der Mut der Verzweiflung, und an einem Sonnabend, als die Bewacher zum Essenfassen gingen, schlug er das Beil in den Hackklotz und sich selbst in die Büsche. Hinter Rambin und Dreschvitz über die Felder, meistens nachts, Gott sei Dank war es warm genug, um im Wald oder in einer Scheune zu übernachten. Bergen umging er, da war die große Kommandantur, dem Posten bei Lietzow entkam er über Semper am Gnewer Ufer und dann hinter Sagard am Marlower Bach entlang bis zur Sehlitzer Krutt, da war er im Wald und kannte sich aus und erreichte noch am Abend Buddenhagen. Er klopfte, und seine Ella machte ihm auf, fassungslos über den späten Heimkehrer. Sie hatte eigentlich gar nicht ans Fenster gehen wollen, der Russen wegen. Otto Rieger hatten sie schon abgeholt, und das Haus war voller Frauen, aus Sassnitz geflohen und tagsüber unterm Dach versteckt, Asche im Gesicht und in ihren ältesten Kleidern. Wenn die russischen Patrouillen kamen, wurden sie von einer resoluten Engländerin in Schach gehalten, die es während der letzten Tage des Krieges von Berlin nach Rügen verschlagen hatte, eine weitläufige Verwandte der Riegers. Sie drohte mit Kommandantur und Offizieren, so daß die Frauen und auch mein Onkel unbehelligt blieben. Es gelang ihr sogar, einen Brief auf englisch an die britische Militärbehörde in Lübeck zu schicken, so daß mein Onkel nach einigen Monaten zu einem neuen Entlassungsschein kam und sich auf der Kommandantur melden konnte, um wieder arbeiten gehen zu können, wieder in Hertels Kreidewerk. Er hatte das Tausendjährige Reich überlebt, und die

Kreide wurde auch unter den neuen Machthabern für die Farben- und Gummiproduktion dringend benötigt. Ein Rügener Schicksal zwischen Kaiserreich und erstem Arbeiter-und-Bauern-Staat auf deutschem Boden, eins von hunderttausenden, erzählt auf vielen Spaziergängen über die Insel.

Heute steht in Buddenhagen nur noch das Riegersche Haus an der alten Forststraße. In meiner Kindheit gab es hier ein Kreidewerk mit eigenem Bruch, großen Absetzbecken, Trockenschuppen, Zyklon und Sägewerk und sogar einer Betriebsküche. Da saß der alte Appelbohm, der jeden Morgen jammerte: »Ümmer Appelbohm möt Tüffel schäln« und Frau Fick, die erbarmungslose Köchin, die ihm die nächste Schüssel mit Kartoffeln zum Schälen hinstellte. Mit ihnen und mit dem lieben Gott, der als Forstarbeiter durch die Stubnitz pirschte, mit den Bäumen sprach und tote Krähen und Wildtauben in die Küche brachte, hockte ich vor dem Haus und sah den Männern bei der Arbeit zu. Manchmal bekam ich ausgeschlämmte Seeigel und Ammoniten geschenkt.

Otto Rieger, der abgemagert aus sowjetischer Gefangenschaft zurückgekommen war und als Invalidenrentner im Lodenmantel und mit Jägerhut stumm vor dem Haus saß, lieh mir die Bücher von Karl May aus und ließ mich seine Geweihsammlung im Herrenzimmer bewundern. Am meisten beeindruckte mich sein bronzener Napoleon hoch zu Pferde, der auf dem Schreibtisch stand. Als Karl May ausgelesen war, gab er mir eine alte Napoleon-Biographie und weckte meine Liebe für die reich illustrierten Historienwälzer des 19. Jahrhunderts.

1962 wurde der Kreidebruch geschlossen. Die Männer mußten ins neue Kreidewerk nach Klementelvitz, wo die Rohkreide nicht mehr mit Spitzhacken aus dem Bruch geschlagen, sondern mit Baggern abgebaut wurde. Mein Onkel wurde Meister in der Schlämmerei und meine Tante Laborantin, die die Reinheit der Kreide prüfen mußte. Für mich bedeutete dies das Ende der Buddenhagener Waldjahre. Ich mußte nach Sassnitz zu meinen Eltern zurück und in die Schule, wo andere Geschichts- und Geographiestunden warteten. Aber an den Geruch der frisch geschlämmten Kreide und der Kartoffelpuffer erinnere ich mich noch heute, und die Seeigel und Kreidemuscheln liegen noch immer auf meinem Schreibtisch.

In dieser schauerlich schönen Wildnis, unter diesen grünen Buchenhallen, auf der Zinne dieses blendenden Riesentempels, vor diesem ungeheuren Lasurspiegel des Meeres sollten nur ernste und hohe Gedanken in der Brust des Naturfreundes aufkeimen. Die ganze Situation, die den Stempel der Würde, der Hoheit und des Geheimnisvollen trägt, scheint vorzüglich dazu geeignet zu sein, daß das Gemüt sich sammele, seine innersten Tiefen belausche und eindringe in das verborgene Leben der unendlichen Welt, wozu denn Einsamkeit und Ruhe notwendige Bedingungen sind. Daher müßte man Stubbenkammer entweder allein oder höchstens in Gemeinschaft vertrauter, gleichgestimmter Freunde besuchen.

Johann Jacob Grümbke | *Streifzüge durch das Rügenland,* 1805

| Von Buddenhagen zum Königstuhl

Von Buddenhagen führen viele Waldwege durch die Stubnitz und ans Hochufer, übers Forstamt Werder und den Swienholeberg zum Tipper Ort, über die Fahrnitzer Berge zum Victoria-Stein am Kieler Ufer oder über die Briesnitzer und Kollicker Bäche zum Mönchsteig, von wo aus man entweder am Uferweg oder am Strand bis zur Stubbenkammer laufen kann. Dieses Gebiet gehört zum Nationalpark Jasmund, dessen Einrichtung als letzter Tagesordnungspunkt auf der letzten Ministerratssitzung der DDR im September 1990 beschlossen wurde. Heute gilt er mit den anderen Nationalparks und Schutzgebieten als »Tafelsilber der deutschen Vereinigung«. Zu verdanken ist dieses Wunder den Umweltpolitikern Hans Dieter Knapp und Arnulf Müller-Helmbrecht, die die Stubnitz vor den schlimmsten Auswüchsen des Massentourismus bewahrt haben und schon dafür zu Ehren-Rüganern ernannt werden müßten.

Hier durch die Stubnitz sind sie alle gewandert, die später Rügens Ruhm in die Welt tragen sollten: Ludwig Theobul Kosegarten und Karl Friedrich Schinkel, Caspar David Friedrich und Adelbert von Chamisso, Carl Gustav Carus und Wilhelm von Humboldt, Ernst Moritz Arndt und Wilhelm Müller, die Geschwister Kleist und die Familie Schleiermacher, Johann Jacob Grümbke und Carl Friedrich Rellstab, Theodor Fontane und Johannes Brahms, Gerhart Hauptmann und Ernst Barlach, Gottfried Benn und Arnolt Bronnen, Johannes Bobrowski und Uwe Johnson.

Mein Lieblings-Reisender auf Jasmund und Rügen ist Johann Jacob Grümbke, weil er der bei weitem kenntnisreichste und humorvollste Inselchronist seiner Zeit gewesen ist. Das hat ihm, wie man sich leicht denken kann, vor allem Neid und Feindschaften eingetragen. Man verhöhnte ihn lange und gründlich als ein verkauztes Genie, als Hagestolz und Stubengelehrten. Er nahm es gelassen und zeichnete sich selbst in einer Vignette als langohrigen Pan, eine verschmitzte böcklinische Figur. So mag er auch mit Notizbuch und Fernglas über die Dörfer und Felder gestreift sein. Glücklicherweise trat er nach seinem Studium in Göttingen und Greifswald ein kleines Erbe an und wurde unabhängig, der Lebenstraum aller

Schriftsteller und Lokalgelehrten. Seine *Streifzüge durch das Rügenland* von 1805 und die *Neuen und genauen geographischen, statistischen und historischen Darstellungen von der Insel und dem Fürstentum Rügen* von 1819 gehören zum Besten, was uns das 19. Jahrhundert historisch über die Insel zu bieten hat. Grümbke war übrigens auch ein Lyriker von Rang, den es noch zu entdecken gilt. Seine über 200 Gedichte mit zauberhaften Miniaturen und Landschaften liegen wohlverwahrt im Bergener Pfarrarchiv und warten auf einen Germanisten, dem die Postmoderne zu langweilig geworden ist.

Grümbke soll hier stellvertretend noch einmal für alle anderen Stubbenkammer-Begeisterten zu Wort kommen: »Diese starren Wände, bald lichthell, bald grauschattiert und von lebhaftem Grün eingefaßt, der schräge Ablauf des Vorufers, hier grau, dort weiß und gelb gestreift, auch selbst die Kluft mit ihrem schauerlichen Halbdunkel, mit ihren übereinander emporstrebenden Baumgipfeln, mit ihren ins Schwarzbraun spielenden und mit unreinen Kreidestreifen durchzogenen Absätzen und Abhängen, worauf hier und da etliche Buchen einsam standen oder an welchen sich ein sonderbar gestaltetes Rasenstück hinabkrümmte, das alles bildet ein wildes, reiches, kräftiges Naturgemälde, worauf das Auge immer aufs neue hingezogen ward und das durch seine Mannigfaltigkeit alle Sättigung verhütete.«

So genau, wie er beschreibt, konnte Grümbke übrigens auch zeichnen. Es gibt eine Reihe von Rügener Aquarellen und Stichen, denen wir aufschlußreiche Details über Landschaften, Kirchen- und Schloßarchitektur und die Dörfer seiner Zeit verdanken. Wir werden auch Grümbke auf unserem Spaziergang wieder begegnen.

Den Klang der Jasmunder Landschaften hat Johannes Brahms am treffendsten in Noten gesetzt. Seine Sinfonie Nr. 1 in c-Moll, opus 68, das »unter Schmerzen geborene grandiose Anfangswerk«, wie die Musikwissenschaft huldigt, beendete er in dreimonatiger Arbeit im Sommer 1876 im Sassnitzer Hotel »Fahrnberg« und schickte sie Clara Schumann als Gruß von Rügen. Die Schumann selbst hatte die Insel

Zur Zeit, als es noch Wölfe gab auf Rügen, war die Stubnitz ein beliebter Aufenthaltsort dieser Raubtiere. Ganze Rudel von Wölfen konnte man in jener Zeit in der meilenweit ausgedehnten Waldung antreffen. Deshalb war es für den einzelnen, selbst wenn er bewaffnet war, nicht ungefährlich, in die Stubnitz hinauszugehen.

Alfred Haas | *Rügensche Volkskunde,* 1920

im Winter 1855 während einer Konzertreise durch das bitterkalte Pommern besucht, begleitet vom Stralsunder Musikdirektor Bratfisch. In Bergen spielte sie Beethoven und Chopin. In ihrem Tagebuch lesen wir über die Rügener Gastfreundlichkeit: »Nach der Soiree waren noch viele bei meinem Wirt zusammen, ich war aber so angegriffen, daß mich ein förmlicher Weinkrampf überfiel und ich zu Bett mußte. Es tat mir leid für die so liebenswürdigen Leute, die mir gern Gutes getan hätten. Morgens brachten mir einige ein Ständchen und sangen sehr hübsch.«

Der Weinkrampf hatte übrigens nichts mit dem Publikum oder den Strapazen der Insel-Tournee zu tun, sondern vor allem mit den Gedanken an ihren Mann, dem Komponisten Robert Schumann, der sich seit 1854 in einer Nervenklinik behandeln lassen mußte. Seither lag die Verantwortung für ihre sieben Kinder allein bei Clara, die es nicht übers Herz brachte, auch nur eine Handschrift ihres Robert an die lauernden Musikalienhändler zu verkaufen. Von Brahms' 1. Sinfonie war sie begeistert, ebenso wie der Dirigent Hans von Bülow, der sie schlicht »Die Zehnte« nannte, also die erste bedeutende deutsche Sinfonie nach Beethovens Tod. Brahms selbst sah sein Werk mit Hamburger Lakonie weniger pathetisch und schrieb an seinen Verleger: »An den Wissower Klinken ist eine schöne Sinfonie hängengeblieben.« Das war untertrieben: Er hat über 14 Jahre daran gearbeitet. Um sie durchzuführen, verzichtete der Komponist sogar auf den Ehrendoktorhut von Cambridge. Statt dessen trank er auf Rügen mit den Fischern Bier und aß grüne Flundern. Die Rügener Küche steht nämlich völlig zu Unrecht in dem Ruf, eine langweilige Armeleuteküche aus Kraut und Rüben zu sein. Ich habe einige der besten Fischrestaurants der Welt besuchen dürfen und kann sagen, daß dennoch kaum etwas über frisch geräucherte Rügener Flundern geht. Der Professor Friedrich Wadzeck wußte das schon 1824 und schrieb in seiner *Reise von Berlin nach der Insel Rügen*: »Wenn man im überfeinerten Europa irgendwo die schöne Gastfreiheit zu finden wünscht, dann muß man nach Rügen reisen.« Die entsprechenden Rezepte findet man im alten *Kochbuch der Frieda Ritzerow* von 1868 und im *Butt* von Günter Grass.

Den Eindruck, den diese Szenerie macht, weiß ich nicht besser zu schildern, als in den naiven Worten eines Mädchens, welches eine mir verwandte Dame einst zu ihrer Bedienung mit nach Rügen genommen hatte und welches beim ersten Anblick dieses Ufers bewundernd ausrief: »Herre, dat is ja, as wenn man na de Kirch rinnerkümmt!«

Ernst Boll | *Die Insel Rügen, 1858*

Es hatte nämlich jene alte Frau, die auf einer kleinen Insel namens Oehe
zwischen der langgestreckten Insel Hiddensee und der großen Insel Rügen
wohnte, doch bei günstigem Wind zur Hauptinsel gerudert kam, um an
Markttagen in Schaprode ihren Schafskäse zu verkaufen, dem Maler
Philipp Otto Runge zweierlei Wahrheit in sein Sudelbuch gesprochen. ...
Als der Maler Runge die alte Frau fragte, welches Märchen von beiden
denn richtig sei, sagte sie: »Dat een und dat anner tosamen.«

Günter Grass | *Der Butt,* 1977

| Die Sagen der Stubnitz

Eine Wanderung durch die Stubnitz beginnt man am besten vor Sonnenaufgang. Dann begegnet einem kein Mensch, aber jede Menge Waldgetier. In der Stubnitz leben Rot- und Damwild, Schwarzkittel und Mufflons, Fuchs und Dachs, Hase und Igel. In ihren Hallenwäldern nisten Wildtauben, Spechte und Bussarde, Fisch- und Seeadler, vom Hochufer aus kann man am Strand und auf See Kormorane, Sturm- und Silbermöwen, Graugänse und Schwäne beobachten. Besonders artenreich sind die Seen und Moorwiesen, wo Kreuzottern und Ringelnattern, Waldeidechsen und Teichmolche, Kreuzkröten und Laubfrösche hausen und an deren feuchten Rändern Hahnenfuß und Kuckucksblume, Blutwurz und Wassernabel, aber auch der rundblättrige Sonnentau wachsen. Eine besondere Kostbarkeit der Stubnitz sind ihre Orchideen: der Frauenschuh, das Purpurknabenkraut und das Große Zweiblatt. Wer Glück und einen guten Naturführer bei sich hat, wird hier also nicht nur die blaue Blume der Romantik entdecken.

Von den Schönheiten der Stubnitz haben Künstler immer wieder geschwärmt und geschrieben, und die Zeichnungen, Gemälde und Hymnen der Romantiker drangen bis in die allerhöchsten Kreise vor. Friedrich Preller bezeichnete ihre Landschaften als »reicher denn Italien« und Carl Gustav Carus klappte sogar sein Skizzenbuch zu, weil er hier jeden Strich als eine »Lästerung des Naturphänomens« empfand.

Auf dem Weg durch die Stubnitz führt der Weg auch an der Victoria-Sicht vorbei. König Wilhelm I. hat sie am 10. Juni 1865 nach seiner Schwiegertochter benannt, als er sich auf Rügen von den Anspannungen der preußisch-österreichischen Krise um die schleswig-holsteinische Erbfolge erholte. Vielleicht hat er auch an die Siegesgöttin gedacht, denn ein Jahr später brach der Krieg aus, den der Monarch nicht gewollt hatte. Aber es war nicht leicht, unter Bismarck preußischer König zu sein. Vielleicht hoffte Wilhelm auf die politische Liberalität Victorias, die später als Gattin Friedrich III. und als Kaiserin dem »Eisernen Kanzler« seinen Hochmut würde heimzahlen können. Dazu kam es nicht mehr, weil Friedrich III. schon 1888 starb, und die deutsche Misere des 19. und 20. Jahrhunderts nahm mit dem Großmaul und

Ich war noch nie so nahe von der alten Sagenwelt unseres nordischen Stammes berührt worden als hier, und wieviel späterhin die Kritik auch an dergleichen zurechtzulegen hat, in der Gegenwart weht immer ein besonderes Gefühl aus solchen Dingen zu uns.

Carl Gustav Carus | *Eine Rügenreise im Jahre 1819*, 1865

Kleingeist Wilhelm II. ihren Lauf. Während weitblickende Männer wie Theodor Fontane, Harry Graf Kessler und Walter Rathenau das Debakel von Anfang an kommen sahen, jubelte man Wilhelm II. im Reich und auf Rügen bei jedem seiner uniformierten Operettenauftritte begeistert zu. Aber es ist zu ärgerlich, sich ausgerechnet an dieser wunderbaren Aussicht an jenen Hohenzollerschen Affenfelsen zu erinnern, von dem aus die Welt ins Verderben stürzte. Blicken wir lieber hinüber zum Königstuhl.

Die Sage berichtet, daß die Rüganer denjenigen zum König krönten, der es schaffte, diesen steilen Kreidefelsen von der Seeseite her zu ersteigen. Ich bezweifle, daß das Geschlecht Jaromars die Rügener Fürstenkrone freiwillig an einen dörflichen Kletterkünstler abgegeben hätte, aber Sagen sind nun einmal langlebiger als historische Fakten. Jedenfalls erkannten schon die alten Slawenfürsten die strategische Bedeutung dieser Höhe und bauten ganz in ihrer Nähe eine Burg.

Den Königstuhl besucht man am besten spät am Abend, wenn alle Touristenbusse abgefahren sind. Dann kann man unten im Meer auch den Waschstein erkennen, auf dem alle sieben Jahre zu Johannis bei Tagesanbruch eine verwunschene Jungfrau, andere sagen eine Nixe, ihre blutigen Kleider im Meer wäscht. Wer ihr begegnet und sie mit »Guten Tag, Gott helfe!« anredet, der kann sie von ihrer traurigen Arbeit erlösen. Er muß aber ein Sonntagskind sein.

Der andere Weg führt hinauf zum Teufelsgrund, wo sich die Höhle der Schwarzen Frau befinden soll. Sie saß dort viele Jahrhunderte, und über dem Eingang der Höhle wachte eine schneeweiße Taube. Eines Tages ankerte ein dänisches Schiff vor Stubbenkammer, und ein Boot landete, von dem Bewaffnete einen Mann auf den Strand schleiften. Es war ein wegen Hochverrats zum Tode Verurteilter, den der König zu begnadigen versprochen hatte, wenn er ihm den Schatz der Schwarzen Frau brächte. Er kletterte den steilen Pfad zur Höhle hinauf und fand den Eingang offen. Tief im Felsen saß die Schwarze

Ich habe eine kleine Lustwanderung auf Rügen unternommen, von der ich mehr Freude eingeerntet, als ich mir versprochen hatte. Ein reiches, wohlbevölkertes Weizenland, bedeckt mit riesigen Monumenten einer völlig verschollenen Vergangenheit: Gräber, Wälle, Altäre – von wem? ... Die hohen Kreidefelsen von Jasmund sind zu Recht berühmt; die Kreide im Früh- und Spätlicht der Sonne schimmert wie Gletscher.

Adelbert von Chamisso |
an Louis de la Foye, August 1823

Frau, das Gesicht verschleiert und ihr Körper von Flammen umhüllt. Neben ihr auf einem Findling stand ein großer goldener Becher. Der Verurteilte griff danach. Da schlug die Schwarze Frau ihren Schleier zurück und sagte leise: »Wähle gut, Fremder! Denn wenn Du gut wählst, dann werde ich Dir gehören.« Der Verräter aber sah nichts als das Gold, riß den Becher an sich und stürzte davon. Da hörte er hinter sich einen Seufzer: »Weh mir, nun kann mich keiner mehr erlösen!« Im gleichen Augenblick verwandelte sich die weiße Taube über dem Eingang in einen Raben.

Von der Victoria-Sicht führt ein Weg an der nach der germanischen Göttin benannten Hertha-Buche und den Opfersteinen vorbei zum Hertha-See. Von der Buche steht leider nur noch ein Stumpf. Aus dem Rauschen ihrer Zweige sollen die Priester den Willen der Göttin und die Zukunft geweissagt haben. An den Opfersteinen in der kleinen Waldsenke hat man angeblich Menschenopfer dargebracht, der Stein zeigt eine Blutrinne, an deren Stelle sich niemals Moos ansetzen soll. Hier hat es schon Effi Briest geschaudert.

Ein wenig hangaufwärts liegt der Sagenstein, auch Probestein genannt. Es heißt, daß sich unter den Dienerinnen der Göttin ein junges Mädchen befand, das trotz aller strengen Verbote der Priester in einen jungen Ritter der Insel verliebt war und sich nachts im Wald mit ihm traf. Bald gab es Gerüchte darüber, aber die Priester konnten nicht herausfinden, welches der Mädchen die Schuldige war. Schließlich befahl die Göttin selbst die Steinprobe. Ein Mädchen nach dem anderen mußte barfuß über den Findling am Opferstein laufen. Als nun die Geliebte des Ritters über den Stein ging, da drückte sich neben ihrem Fuß auch der Fuß eines kleinen Kindes ein, denn sie war schwanger. Die Priester schleppten die Unglückliche sofort an den Rand des Königstuhls und stießen sie in die Tiefe. Aber die Göttin hatte mehr Verständnis als ihre eifernden Geistlichen und ließ das Mädchen sanft in die Arme ihres Ritters fallen, der am Stand auf sie gewartet hatte und mit ihr auf sein Schiff entkam.

Rechterhand des Hertha-Sees liegen die Wälle der Hertha-Burg, in der ihr Tempel gestanden haben soll. Die Göttin selbst war den Rüganern wohlgesinnt und sorgte für gute Ernten. Zur Erntezeit fuhr sie auf einem mit Stieren bespannten Wagen über die Insel und feierte mit den Bauern und Fischern den

Erntedank. Wenn sie nach der langen, staubigen Fahrt in die Burg zurückkam, nahm sie ein Bad im See. Die Dienerinnen, die ihr beim Waschen halfen, sollen anschließend ertränkt worden sein, so daß keine ein Wort über das Aussehen der Göttin verlieren konnte. Die Seelen der Ertränkten versammeln sich noch heute um Mitternacht am Seeufer und singen schaurige Klagelieder. Die Naturschützer behaupten, es handele sich um Frösche und Unken, aber ein mitternächtlicher Spaziergang um den See wird jeden Wanderer überzeugen, daß auch in diesem Fall die Sage überzeugender klingt.

Die erste Schutzhütte am Königstuhl ließ der Sagarder Pastor Heinrich von Willich um 1801 errichten. Dort konnte man bei Unwetter übernachten, mußte aber Kochgerät, Feuerholz und Proviant dabei haben. Um 1818 wurde das erste Gasthaus errichtet, im Wald nahe bei den Kreidefelsen. Zwischen 1835 und 1838 entstand nach einem Entwurf Schinkels ein Schweizerhaus, das einen besonders tüchtigen Wirt hatte. Der faßte die alten Spuk- und Göttergeschichten zu einer einzigen großen Sage zusammen und ließ sie drucken, was den Zulauf zu Königstuhl und Hertha-See um ein Vielfaches vermehrte.

Das Schweizerhaus brannte zwar schon 1848 ab, aber die Sage hielt sich bis auf den heutigen Tag. Die Romantiker beriefen sich dabei auf Tacitus, der in seiner *Germania* den Kult der Göttin Nerthus beschrieb, aus der die Romantik die germanisierte Hertha gemacht hatte. In einem Hain auf einer Insel der Ostsee, so schreibt Tacitus, soll sich ein Heiligtum befunden haben, das der Nerthus geweiht war und wo ihr geopfert wurde. Auch die Geschichte von den ertränkten Dienern stammt von ihm. Doch Tacitus hat Rügen nie betreten. Der Wall ist ein slawischer Burgwall aus dem 11. Jahrhundert, und nach ihm hieß auch lange Zeit der See. Man findet ihn auf den alten Lubinischen Karten noch als »Borgwallsee« eingezeichnet. Es handelt sich um eine Fluchtburg mit erstaunlich steiler Wallanlage, die wahrscheinlich gegen Angriffe der Wikinger aufgeschüttet worden war. Die »Opfersteine« soll erst um 1830 ein Bauer aus Nipmerow für den Wirt herangekarrt haben, um den Besuchern etwas Gruseliges zeigen zu können. Dabei gibt es durchaus echte Opfersteine in der Stubnitz, die wahrscheinlich zu Tieropfern gedient haben. Auch zwei weitere Reste von Wallanlagen finden sich: Die erste liegt bei Werder und wird mit

Auf einer Insel des Ozeans ist ein heiliger Hain, in ihm ist ein geweihter Wagen, der mit einem Tuch überdeckt ist. Nur dem Priester ist es erlaubt, ihn zu berühren. Er merkt es, wenn die Göttin im Heiligtum anwesend ist, spannt dann Kühe an den Wagen und geleitet die Göttin mit großer Ehrfurcht.

Tacitus | *Germania*,
um 98 nach Christus

der bei Saxo Grammaticus erwähnten Fluchtburg König Waldemars von Rügen in Verbindung gebracht. Man nennt sie deshalb bis auf den heutigen Tag den Schloßberg. Die zweite findet man nordöstlich davon direkt am Hochuferweg zwischen Sassnitz und Werder, und sie wird »Sattel auf dem Hengst« genannt. Anhand von Bodenfunden vermutet man heute, daß dieser Wall der älteste Burgwall Rügens ist und einen Tempel beherbergte, den die Dänen erst 1171, also drei Jahre nach dem Fall Arkonas, entdeckten und zerstörten. Einige Historiker vermuten, daß dies der Pizamar-Tempel von Asund gewesen sein könnte, den die Knytlinga-Saga erwähnt. Aber durch archäologische Grabungen gesichert sind diese Vermutungen allesamt noch nicht.

Immerhin wissen wir, daß der »Pfennigkasten«, der am Weg von Hagen zum Hertha-See liegt, keineswegs der Steinkasten für das Opfergeld der Priester war, wie die Sage behauptet, sondern ein Großsteingrab, das wie viele andere in der Stubnitz wahrscheinlich schon im 18. und 19. Jahrhundert geöffnet und geplündert wurde. Der Inselchronist Grümbke erzählt, daß das zweite Steingrab nahe der Waldhalle 1818 ausgegraben wurde und zwei schöne Streitäxte enthalten haben soll, die leider verschollen sind. Die Erwähnung von Streitäxten in einem Steinzeitgrab verwundert, aber auch in den großen Ganggräbern bei Nipmerow am östlichen Rand der Stubnitz fanden sich über den Grabkammern aus der Jungsteinzeit slawische Gräber, in denen man den Toten eiserne Messer, Bronzeringe und Tonschalen mit ins Jenseits gegeben hatte. Die uralten »Hünengräber« sind demnach bis in die Slawenzeit zu Bestattungen weiter genutzt worden.

Trotz der noch immer großen Zahl solcher Grabanlagen sind die Verluste auf Rügen enorm gewesen. Der Mathematiker, Geologe und Altertumswissenschaftler Friedrich von Hagenow, von dem die berühmte Rügenkarte aus dem Jahre 1829 stammt, zählt auf ihr noch 1239 Hügelgräber und 229 Großsteingräber. Von letzteren sind heute gerade noch etwa 50 auffindbar. Viele Gräber wurden durch sogenannte »Schatzsucher« zerstört, aber auch als Baumaterialien für den Kirchen- und Häuserbau abgetragen oder zur Pflasterung der Wald- und Landstraßen verwandt. Steinschläger zertrümmerten die Findlinge vor Ort, und die Fuhrunternehmer transportierten die Fragmente zu den Straßenbaustellen quer über die Insel. Manche der dabei gefundenen Feuersteinwaffen und Gefäßscherben gerieten in private Sammlungen und von dort in die Museen zu Stralsund und Greifswald, allerdings meist ohne Angabe von Fundort oder Lage.

Der Begriff »Hünengrab« stammt ebenfalls aus der Welt der Sage. Man glaubte, daß nur Hünen, also Riesenmenschen, in der Lage gewesen sein konnten, die tonnenschweren Findlinge zu Grabstätten zusammenzutragen. Die schweren Decksteine lassen vermuten, daß schon die Menschen der Steinzeit Furcht vor der Wiederkehr der Toten hatten. Die Sagen um »Wiedergänger« haben sich auf Rügen bis auf den heutigen Tag erhalten, und noch im 17. Jahrhundert wurden die Köpfe besonders übler Verbrecher auf Pfähle gesteckt, oder man legte ihnen den Kopf im Sarg zwischen die Beine, um zu vermeiden, daß sie als »Untote« weiter ihr Unwesen treiben konnten. Ein Messer auf der Türschwelle sollte gegen den Besuch eines Wiedergängers im Hause schützen. Die Pastoren versuchten diesen heidnischen Bräuchen mit dem Lesen von Seelenmessen oder dem Auferlegen von Wallfahrten zu begegnen, aber auch diesen Zumutungen entzogen sich die Rüganer gern mit dem bereits erwähnten Argument: »Nee, nee – wie sünn noch nich so lang Christenminschen, mit uns möten Se noch 'n bät'n Geduld häben, leew Herr Paster.«

Der Hochuferweg führt, von der Victoria-Sicht kommend, über den Kollicker und den Kieler Bach und den kleinen Leuchtturm am Tipper Ort direkt zur Waldhalle. Die Waldhalle wurde 1874 eröffnet, 1899 erneuert und bietet seit 1990 sogar wieder ein paar Gästezimmer an. Sie ist Mekka und Medina aller müden Stubnitz-Wanderer und ein romantischer Rastplatz zwischen Sassnitz und Königstuhl.

Aus gebrannten Ziegeln und verwinkeltem Fachwerk errichtet und immer wieder erweitert und umgebaut, umgibt diese kleine Waldgaststätte unter uralten Buchen eine geheimnisvolle Atmosphäre. Bei Familienausflügen wurde für uns manchmal das Jägerzimmer geöffnet, das mit Zwölfendern und Keilerwaffen geschmückt war und von dessen Anrichte ein ausgestopfter Fuchs auf die Kuchenteller spähte. Nach dem Essen wanderten wir zu den Wissower Klinken, an denen Touristen noch heute weisgemacht

Neben dem Walle ist ein runder See; über selbigen soll eine Brücke gegangen, und in diesem See jährlich ein edles Fräulein der Hertha zu Ehren ertränkt worden sein. Über diese schwarze Tat, incredibile dictu, sind noch bis auf den heutigen Tag alle Fische dieses Sees schwarz, und er wird auch der Schwarze See genannt.

Carl Friedrich Rellstab | *Ausflucht nach der Insel Rügen*, 1797

wird, daß Caspar David Friedrich hier 1818 seinen berühmten »Kreidefelsen auf Rügen« gemalt hätte. Das ist doppelter Unsinn, denn gemalt hat Friedrich auf Rügen nie, sondern nur Skizzenbuch um Skizzenbuch gefüllt und die Ausführung der Bilder später im Dresdener Atelier vorgenommen. Die Skizzen für das Kreidefelsen-Bild mit der in die Tiefe weisenden jungen Frau, dem auf allen Vieren über die Grassode gebeugten Freund und den an einen Baum gelehnten Maler, hat Friedrich an der kleinen Stubbenkammer angefertigt. Dieses Idyll ist trügerisch und erinnert an einen Vorfall, dessen Zeuge Friedrich auf seiner dritten Rügen-Reise im Sommer 1815 wurde.

Er wurde von seinem Freund, dem Dresdener Münzbuchhalter Friedrich Kummer begleitet, der ebenfalls zeichnete. Sie wanderten von Jasmund zum Königstuhl und stiegen dort am Hochuferpfad zum Strand hinunter. Der Anblick der steil aufragenden Kreidefelsen überwältigte den schwärmerischen Kummer. Er schlug Friedrichs Warnungen in den Wind und begann in die schlüpfrige Kreide hinaufzuklettern. Der Maler besaß Verstand und Erfahrung genug, ihm nicht zu folgen, er blieb am Strand und arbeitete, bis es zu dämmern begann. Kummer war inzwischen verschwunden, und Friedrich nahm an, er habe den Aufstieg geschafft und genieße nun die Aussicht von oben. Doch davon konnte keine Rede sein. Kummer hatte sich hoffnungslos verstiegen, hing zwischen Kreidewand und Uferüberhang, und hatte sich außerdem beim Stufenschlagen mit dem Messer die Hand verletzt. Verzweifelt rief er endlich um Hilfe, und Friedrich erkannte vom Strand aus die Bescherung. Er eilte zum Baumhaus Schwierenz, wo der Wärter Hans Ruge wohnte. Ruge holte aus Hagen weitere Hilfe, die aber erst gegen neun Uhr abends am Hochufer eintraf. Inzwischen stand Kummer Todesängste aus. Mit Ruge kamen dessen Frau Regina und der Jäger York. Die Männer schlugen Stufen in die Kreide, und Frau Regina ließ das Seil zu dem Unglücklichen hinunter. Ruge entzündete eine Laterne, seilte sich selbst in die Kreide ab und wickelte das Seil um den schlotternden Kummer. Mit vereinten Kräften wurde er heraufgezogen und ins Baumhaus gebracht, wo er sofort in tiefen Schlaf fiel. Kummer hat diese Ereignisse später in seinem Tagebuch dramatisch überhöht festgehalten, aber für einen Romantiker war er ein erstaunlich dankbarer Mensch. Als er vier Jahre später mit Carl Gustav Carus wieder nach Rügen kam, besuchte er die

Sinkend küßt das stille Meer
Die Sonn mit ihrem Strahlenheer
Und wirft den letzten frohen Blick
An Yasmunds Königstuhl zurück ...

Caspar David Friedrich | 1826

Familie Ruge und ließ nach dem Tod des alten Baumhauswärters einen Denkstein für Hans Ruge auf dem Friedhof zu Bobbin aufstellen. Wenn man diese Geschichte kennt, wird man das Landschaftsidyll mit den weißen Seglern durchaus anders betrachten und jene weißen Klippen, vor denen Friedrich seinen Freund warnte, mit gemischten Gefühlen sehen. Viele Besucher der Stubbenkammer versteigen sich noch heute am Hochufer. Jeden Sommer werden deshalb Kummersche Nachfolger mit dem Rettungshubschrauber aus der Kreide gepflückt. Die Rechnung ist ein äußerst kostspieliges Souvenir.

An den Ufern der Stubbenkammer spielen auch viele Märchen und Legenden um Nixen und Meermänner, die Alfred Haas in seiner Anthologie *Pommersche Wassersagen* von 1923 überliefert hat. Eine der schönsten verdankte er meinem Ururgroßvater Jochen Steinort, der damals im Baumhaus Buddenhagen wohnte. Er erzählte dem eifrigen Sagensammler von einer Seejungfrau, die eines Morgens aus dem Meer auftauchte, als eine Bauersfrau gerade dabei war, Flachs aufzuziehen. Die Seejungfrau war nackt bis auf den Fischschwanz und fragte neugierig, was die Bäuerin dort treibe. Die antwortete unerschrocken, daß sie Flachs schwingen wolle, aus dem sie den Stoff für ein Hemd weben würde. Die Seejungfrau hätte gern ein Hemd gehabt und fragte, ob sie das Hemd nach dem Flachsschwingen bekommen könne. Daraus entspann sich ein langes Gespräch, in dem die Bäuerin der Seejungfrau geduldig erklärte, daß der Flachs nach dem Schwingen erst gesponnen, gewebt, gebleicht, zugeschnitten und genäht werden müsse, bevor am Ende ein Hemd daraus würde. Das dauerte der Seejungfrau dann doch zu lange, und sie entschied: »Ach, dann will ich doch lieber so nackt bleiben wie ich bin.« Worauf sie verschwand und nicht wieder gesehen wurde. Aber wenn man ein Sonntagskind ist und die richtigen Worte weiß, dann lohnt es sich, am Ufer der Stubbenkammer Ausschau zu halten. Auf Seejungfrauen muß man warten können.

Stubbenkammer und Arkona sind auch einem Weltumsegler noch schön.

Adelbert von Chamisso |
an seine Frau Antonie, 1823

Rügensche Küste

Blau
aller Lüfte, Bläue,
ertönend –
Licht!

Aber das Eisgebäu,
das umsunkne vom Grün
– Wäldergewölk –,
war und der Vorwelt wehender
Sagenlaut, das Klirren
Zerbrochenen Liedes;
es fuhren
aus, die 's gesungen.

Schwärme gehen im Meer,
schweigende Züge
aus fallendem Glanz, in der Tiefe
ihrer Straße, im Dunkel
drunten die Stadt –
die schweren,
ängstenden Türme.

Mancher hört von Glocken
fern wie Wind den alten
Klang und wankt
um die Hütten. Sie fragen
ihn nicht.

Johannes Bobrowski | *Im Windgesträuch,* 1958

Von der Waldhalle nach Sassnitz

Der Abstieg an der Waldhalle ist seit einem großen Uferausbruch zerstört. Wir wandern deshalb am Hohen Ufer entlang bis zur Piratenschlucht, dort können wir absteigen. Außerdem sind die Aussichten auf diesem Uferabschnitt von Jasmund einzigartig. Die Piratenschlucht ist nach Klaus Störtebeker benannt, der die versteckten Höhlen und Buchten der Stubnitz schätzte. So will es jedenfalls die Sage, die wahrscheinlich ebenfalls der Wirt von der Waldhalle nach Kräften gefördert hat.

Das Preußische Urmeßtischblatt von 1836 kennt diese Flurbezeichnung noch nicht. Es scheint mir unwahrscheinlich, daß Störtebeker mit seiner Kogge die heimtückische Küste zwischen Stubbenkammer und dem Gakower Ufer angesteuert haben sollte. Da gab es bessere und sichere Verstecke auf Gotland, Bornholm oder Helgoland. Das soll jedoch nicht heißen, daß er nicht vor Rügen gekapert hat und vielleicht sogar an Land gegangen ist. Schließlich machte er gemeinsame Sache mit den pommerschen Herzögen gegen die Hanse, wobei es auch da die zwielichtigsten Geschichten gab. Der Stralsunder Patrizier und Handelsherr Wulf Wulflam, ein Hanseat vor dem Herrn und Erzfeind Störtebekers, kungelte ebenfalls mit den Herzögen und wurde für seine Verdienste mit einem Landgut auf Rügen belohnt. Daran hatte er allerdings nicht lange Freude. Im November 1409 wurde er auf dem Kirchhof von Bergen von einem gewissen Thorkel Zuhme angeblich aus Blutrache niedergestochen, ein Verbrechen, das niemals aufgeklärt wurde.

So rätselhaft wie die politischen Intrigen um die Vitalienbrüder Störtebekers sind auch die Erzählungen um ihre Verstecke und Schatzkammern. Die Sage behauptet, im Widerspruch zu den Sprachforschern, der Name Stubbenkammer käme von »Stub und Kammer«, als welche die Schluchten und Höhlen des Hochufers den Seeräubern gedient hätten. Auch soll das Wasser der Ostsee damals viel höher gestanden haben, so daß Störtebeker, Magister Wigbold und Goedeke Michels mit ihren Schiffen direkt in die Höhlen steuern konnten. In der Stubbenkammer sollen sie ihre Schätze nicht nur versteckt, sondern sie auch mit den Armen von Rügen geteilt haben – jedenfalls träumten diese von solchen Wohltätern. Wenn man in den Chroniken Thomas Kantzows und Matthäus von Normanns nachliest, wie brutal der Rügener Adel seine Leibeigenen behandelte, dann versteht man die Sehnsucht nach dem Likedeel, dem gerechten Teilen.

Im Walddorf Hagen soll Störtebeker eines Tages auf einen alten Mann getroffen sein, der den Mietzins für seinen Katen nicht mehr zahlen konnte. Der Seeräuber erzählte ihm daraufhin von einem Schiffsmast, den er in einer Uferschlucht beim Königstuhl gesehen habe und dessen Holz gutes Geld bringen würde. Als der Alte mit seiner Frau den schweren Mast zersägen wollte, brachen plötzlich die Sägezähne ab, und sie entdeckten, daß der Mast inwendig prall mit Silberdukaten gefüllt war. Auch solche Geschichten hat mir mein Onkel Paul auf unseren Wanderungen erzählt, und natürlich haben wir als Jungen mit unseren kleinen Klappspaten in der Piratenschlucht nach Störtebekers Schätzen gegraben. Es gibt auch eine Sage, wonach Störtebeker eine Jungfrau aus Sassnitz entführte und ihr die Ehe versprach, wenn sie in seiner Abwesenheit auf die Schätze der Likedeeler Obacht geben würde. Unmittelbar darauf wurde er jedoch vor Helgoland gefangen genommen und auf dem Grasbrook hingerichtet, so daß die Braut noch heute in der Höhle auf ihn warten soll. Einmal im Jahr erscheint Störtebekers gespenstische Flotte vor Jasmund, und die Schatten der enthaupteten Likedeeler kommen an Land, Kopf unterm Arm, um nach ihrem Gold zu sehen und das einsame Mädchen zu trösten. Eine andere Sage weiß, daß Störtebeker auf der Insel Tollow in der Maltziner Wiek südlich von Rügen begraben liegt, in einem goldenen Sarg, der an Ketten tief in die Erde hinabgelassen ist. Ein Fischer von Zudar soll den Ort kennen, aber es ist ihm um seines Lebens willen verboten, darüber zu sprechen. Wenn er das Ende nahen fühlt, muß er die Lage des Grabes einem anderen Fischer anvertrauen, den er für treu und redlich hält. Daher kommt es, daß immer nur ein Mensch auf Rügen die Stelle kennt.

Liebe Seidler, ganze drei Monate hat sich der Eisbär, dessen Sie sich so güthig erinnern, an der Küste der Ostsee herum getrieben und zu öfteren sich in die grünlichen Fluthen getaucht. Und hat gesehen Seehunde ihr nasses Haupt aus den Wellen erheben und wieder in die Tiefe zurückkehren. Und habe gesehen der Creaturen des Meeres gar mancherlei Art, wie sie leben und wie sie gelebt haben vor Jahrtausenden und zu Stein geworden sind.

Caspar David Friedrich |
an Louise Seidler, 18. Oktober 1815

Ganz andere Schätze kann man am Strand der Stubnitz am Hochufer finden. In die anstehende Kreide sind lange Feuersteinbänder eingelagert, die bei Uferausbrüchen ins Meer stürzen und dort von der Brandung ausgewaschen werden. Deshalb kann der aufmerksame Spaziergänger immer wieder Seeigelkerne, kleine versteinerte Korallen, Schnecken und Austern entdecken. Hühnergötter, die berühmten Feuersteine mit dem kreisrunden Loch, gelten als Glücksbringer, aber man muß sie selbst finden. Außerdem gilt es ein kleines Ritual zu beachten. Hat man einen Hühnergott aufgehoben, dann muß man durch das Loch auf den Horizont blicken, sich etwas wünschen, aber man darf über den Wunsch mit niemandem sprechen. Und den Stein muß man immer bei sich tragen. Wer unschlüssig ist, ob er diesen Aberglauben teilen soll, kann es mit Nils Bohr halten, der von dem Hufeisen über seiner Tür zu sagen pflegte: »Es hilft, auch wenn man nicht daran glaubt.«

Die Rüganer neigen im allgemeinen zur Spökenkiekerei. Meine Großmutter brachte mir bei, wie man sich gegen den bösen Blick der Hexen schützt. Sie war fest davon überzeugt, daß eine unserer alten Nachbarinnen eine Teufelsbraut war und uns Böses wollte. Deshalb steckte sie eine Nadel unter ihre Türschwelle und eine andere in ihren Rocksaum, wenn sie mit mir das Haus verließ. Hexen haben bekanntlich keine Macht über drei Augen, und das Auge der Nähnadel sollte das dritte Auge ersetzen. Sie konnte auch Flechten und Warzen besprechen und mit Kräutern und Schneckenschleim helfen, wo die moderne Medizin vergebens Pillen und Salben verschrieb. Von ihr habe ich das inselübliche Mißtrauen gegenüber den Halbgöttern in Weiß und ihren blitzenden Skalpellen.

Zwischen Wissower Ufer und Piratenschlucht soll auch das Haus des Strandvogts von Jasmund gestanden haben, und in den alten Chroniken findet man jede Menge Geschichten von Schiffbruch und Seeschlachten an dieser Küste. Hier hat Chamisso im Sommer 1823 barometrische Messungen vorgenommen und war von den Aussichten an diesem Hochufer so begeistert, daß er mit seiner Frau und seinen Söhnen im August 1832 noch einmal wiederkam und die Ballade von der *Jungfrau von Stubbenkammer* dichtete. Wenn man den mächtigen Findling im Wasser liegen sieht, den die Schiffer ironisch Klein-Helgoland getauft haben, ist es nur noch ein Katzensprung bis Sassnitz.

Ich ging am 7. September nach Stralsund und Rügen, wo ich eine Woche blieb. Am ersten Tage: Stralsund (Schill), Bergen (Rügen) und spät am Abend Eintreffen in Saßnitz, wo ich im Fahrenberg-Hotel ein gutes Zimmer erhielt. Das Leben in Saßnitz eigentlich langweilig, raufgepufft in seinen Forderungen und nicht viel dahinter, aber die See- und Landschaftsbilder halten einen schadlos. Den zweiten oder dritten Tag Ausflug nach Stubbenkammer, Hertha-See, Lohme, Arcona, was zusammen zwei Tage dauerte. Landschaftlich sehr schön, vielfach an Sorrent erinnernd, namentlich in den Hauptlinien; im Detail natürlich alles arm und dürftig. Volk, das einen schröpft, fast schlimmer wie auf Norderney.

Theodor Fontane | *Tagebücher,* September 1884

Wenn man sich Sassnitz von der Kurpromenade her nähert, dann wandert man auf Fontanes Spuren. Hier hat er Effi Briest und Baron von Innstetten spazieren gehen lassen, hier ist er selber im September 1884 im Hotel »Fahrnberg« abgestiegen und hat im »Miramare« am Strand seine Zeitungen gelesen. Das »Fahrnberg« war 1868 aus den Eichenplanken einer gestrandeten holländischen Bark gezimmert worden und ist als »Hotel Fahrenheit« ebenfalls in *Effi Briest* verewigt. Fontane verdankt die Stadt auch ihren werbewirksamsten Satz. »Nach Rügen reisen heißt nach Sassnitz reisen!« erklärt von Innstetten seiner jungen Frau, und so ist es bis zur Jahrhundertwende auch gewesen.

Sassnitz war die erste Adresse auf Rügen. 1890 erholte sich die Kaiserin mit den Prinzen zwei Monate in der Villa »Martha«. 1893 kam Wilhelm II. höchstpersönlich auf der kaiserlichen Yacht. Doch die allerhöchste Badewerbung wirkte nur bis zum Kriegsausbruch. Ab 1914 gingen die Besucherzahlen drastisch zurück, und der Ortschronist Max Koch mußte beklagen, daß die Schönen und Wohlhabenden in den Kriegsjahren Dänemark und Bornholm den Vorzug gaben, wo die Lebensmittel reichlicher und preiswerter waren und das Badeleben weniger reglementiert. »Man badet dort zum größten Teil ohne Badeanzug!« mokierte er sich. In Sassnitz dagegen gab es noch bis 1912 ein Damen- und ein Herrenbad. Beide waren von hohen Lattenzäunen umgeben, die bis in die See reichten und so vor unzüchtigen Blicken schützen sollten. Zwei alleinreisende Fräulein, die vom Balkon der Villa »Seestern« aus mit Ferngläsern ins Herrenbad blickten, wurden umgehend der Stadt verwiesen und sorgten so für einen Skandal, mit dem sich die Sassnitzer noch lange beschäftigten.

Inzwischen hatte Binz, das 1884 ebenfalls zum Seebad erhoben wurde, eifrig gebaut und konnte mit seinen eleganten Hotels und dem weißen Sandstrand das steinige und sittenstrenge Sassnitz in den Bäderschatten stellen. Das ist bis heute so geblieben. Allerdings hat man in Sassnitz nach 1990 mit allen Investitions- und Fördermitteln daran gearbeitet, vor allem in der Altstadt und am Hafen die Folgen von

Krieg, Industrialisierung und plansozialistischem Verfall zu beseitigen, um das alte Adelsprädikat von der »weißen Stadt am Meer« zurückzugewinnen.

Doch Sassnitz hat noch mehr berühmte historische Besucher aufzuweisen. Der berühmteste war Lenin. Er kam im Zug von Zürich über Berlin nach Sassnitz und fuhr mit der Fähre weiter nach Trelleborg. Von dort aus reiste er nach Stockholm, kaufte sich eine neue Hose und schaffte es durch alle Grenzkontrollen bis nach Petrograd, wo er die Oktoberrevolution anzettelte.

Über Lenins »Reise im plombierten Waggon« ist viel geschrieben worden, zum größten Teil Halbwahrheiten. Ich werde mich in den andauernden Streit nicht einmischen, zumal ein Teil der Akten schon unter Stalin manipuliert worden ist und andere Teile noch immer unzugänglich in Moskauer Archiven liegen. Wir wissen aber, daß Lenin sofort nach Ausbruch der Februar-Revolution 1917 fieberhaft bemüht war, aus der Schweiz durch das im Ersten Weltkrieg stehende Westeuropa nach Rußland zu kommen. Die Revolution hatte in Petrograd mit einem Streik in den Putilow-Werken begonnen, und der Mehrheitsflügel der Kommunisten, die Bolschewiki, setzte sich an dessen Spitze. Aus dem Streik wurde ein Generalstreik, aus dem Generalstreik ein bewaffneter Aufstand. Nikolaus II., ein ebenso beschränkter Monarch wie sein Vetter Wilhelm II. in Berlin, zögerte mit seiner Abdankung und beförderte damit den Volkszorn, der ihn sein Leben kosten sollte. Die Gardetruppen, die gegen Petrograd ausgeschickt wurden, liefen zu den Revolutionären über, und unter dem Fürsten Lwow bildete sich die erste provisorische Regierung von Liberalen und Sozialrevolutionären. Lenin begriff sofort, daß es von nun an um die Macht ging. Er schrieb an Inés Armand, Alexandra Kollontaj und Jacob Hanecki und verlangte Vorschläge, wie eine Reise durch Deutschland oder über Frankreich und England zu bewerkstelligen sei. Er probierte Perücken und falsche Pässe aus. Schließlich halfen der kaiserliche Generalstab und das deutsche Auswärtige Amt dem ratlosen Revolutionär aus der Klemme. Die Idee soll von Ludendorff stammen, der dem Kaiser und Hindenburg

Das den Verkehr mit Schweden vermittelnde deutsche Fährschiff wurde durch Begleitschiffe gesichert. Es waren kleine Kreuzer und ein Torpedoboot. Eines Abends im Oktober 1916 kam die Schreckenskunde, daß der Kreuzer von einem U-Boot beschossen und untergegangen war.

Max Koch | *Zur Geschichte von Sassnitz*, 1934

inzwischen die Kriegsführung aus der Hand genommen hatte und auf einen Waffenstillstand an der Ostfront hinarbeitete. Anschließend wollte er die frei werdenden Divisionen nach Westen verlegen. Formal wurde der Segen des allerhöchsten Kriegsherren eingeholt, der ihn etwas zerstreut gab und so seinen lieben Vetter Nikolaus den Bolschewiki ans Bajonett lieferte. Er selbst wurde durch das deutsche Nachbeben zwar auch vom Thron gefegt, durfte aber zum Bäumezersägen nach Holland emigrieren, wo er auf Schloß Doorn weiterhin Seine Majestät spielte und über die Zukunft Deutschlands ohne ihn schwadronierte. Vorher bewilligte er noch die Exterritorialität und den Fahrplan des Sonderwaggons für Lenin, sowie die paß- und kontrollfreie Ein- und Ausreise. Lediglich das Gepäck wurde plombiert.

Am 9. April 1917 ging die Reise vom Züricher Hauptbahnhof los. An der Grenze in Gottmadingen stiegen zwei deutsche Begleitoffiziere zu, die in einem reservierten Coupé Platz nahmen, das durch einen Kreidestrich auf dem Fußboden vom »exterritorialen Abteil« der Russen getrennt war. Einem der beiden, Dr. Buhrig von der Sektion Politik des kaiserlichen Generalstabs, verdanken wir die genaueste und humorvollste Schilderung von Lenins Aufenthalt in Sassnitz: »Mittags fuhren wir von Berlin aus weiter nach Sassnitz, wo wir gegen Abend ankamen und von der Kommandantur – alle Herren im kleinen Rock und sehr neugierig – am Bahnhof empfangen wurden. Die Herren waren sehr enttäuscht, als wir ihnen erklärten, daß die russischen Herrschaften von ihnen gar nichts wissen wollten und die Nacht über im Wagen bleiben würden. Es mußte eine Lokomotive beschafft werden, die den Wagen über Nacht heizen sollte. Eine leerstehende Villa war für die Herrschaften eingerichtet worden, ein gutes Abendessen wartete auf sie, und die vereinsamten Sassnitzer Herren hatten sich auf einen sensationellen gesellschaftlichen Abend eingerichtet. Die Enttäuschung war also groß! Sie hatten geglaubt, daß irgendwelche russischen Großfürsten im Transport wären. Der Wagen war nie plombiert.«

Ich male mir dieses nicht zustande gekommene Festessen und die Gespräche Lenins und Radeks mit den Sassnitzer Honoratioren immer wieder gern aus. Unter den 32 Reisenden waren neben Lenins Frau Nadeshda Krupskaja und seiner schönen Geliebten Inés Armand auch noch Helen Kon und Grigorij Sinowjew. Radek scherzte bei der Abfahrt auf der schwedischen Fähre »Drottning Victoria«: »Entweder

werden wir in sechs Monaten Minister, oder wir hängen.« Er bekam Recht. Sie wurden Minister, richtiger: Volkskommissare, Diplomaten und hohe politische Funktionäre. Um das Hängen, Foltern und Erschießen kümmerte sich zehn Jahre später Stalin persönlich. Fast niemand, der die Hintergründe und Zusammenhänge dieser geheimnisvollen Reise kannte, überlebte nach Lenins Tod. Aber das ist eine andere und sehr viel längere Geschichte.

Nach 1945 bekam Sassnitz drei Lenin-Gedenkstätten. Zuerst einen Stein vor dem Seemannsheim, dann eine Büste an der Lenin-Oberschule und zum 60. Jahrestag der Oktoberrevolution 1977 einen nachgebauten Lenin-Waggon vor dem Bahnhof. Die Jungen Pioniere durften darin Lenins Hut und seine Aprilthesen bewundern, die er in diesem Waggon geschrieben haben soll. Es gab auch den berühmten Kreidestrich auf dem Waggonfußboden und jede Menge Fotos, unter denen Namen fehlten. Selbstverständlich fehlte auch jeder Hinweis auf den Anteil des kaiserlichen Generalstabs an dieser Reise. Aber auch nach 1989 wurde fleißig weiter Geschichtsklitterei betrieben und der Waggon schließlich in einer Nacht- und Nebel-Aktion zuerst nach Dresden, später nach Nürnberg aufs museale Abstellgleis geschoben.

Heute hätten die Sassnitzer Honoratioren das gute Stück gern für die Touristen zurück. Unter diesen Umständen muß man nachgerade dankbar dafür sein, daß das Geld für den Rücktransport aus Bayern fehlt. Aber vielleicht entsinnt sich ja ein zukünftiger russischer Generalstab dieser speziellen deutsch-sowjetischen Freundschaftsgeschichte und finanziert den Transport, sozusagen als historische Reverenz. Das Kapitel Lenin in Sassnitz ist also keineswegs abgeschlossen.

Lenins Geliebte Inés Armand arbeitete übrigens nach ihrer Rückkehr für die Komintern, die Kommunistische Internationale, und setzte sich für die Rechte der russischen Frauen innerhalb und außerhalb der Partei ein. Dabei geriet sie mehrmals mit Lenin aneinander, der alles andere als ein Feminist war. Die Armand organisierte den ersten internationalen Kongreß kommunistischer Frauen in Moskau. Kurz danach zog sie sich auf einer Reise in den Kaukasus Typhus zu und starb im September 1920 in einem Sanatorium. Ihr Tod war ein unerwarteter Schlag für Lenin, den er nicht verwand. Sie ist an der Kremlmauer begraben und immer noch gut für allerhand Klatsch und Gerüchte.

In Saßnitz verließen wir den deutschen Boden. Wir hatten bewegte See, und unter den 32 Mitreisenden erwiesen sich nur fünf als seefest, darunter Lenin, Sinowjew und Radek, die, am Hauptmast stehend, in eifrigem Disput waren.

Fritz Platten | *Lenins Reise durch Deutschland,* 1924

Einer der schönsten Morgenspaziergänge in Sassnitz ist ein Gang zum Hafen. Die Sassnitzer Mole ist die längste Außenmole Europas und wurde zwischen 1889 und 1896 gebaut, um einen Schutzhafen für die Fischerei und den Fährverkehr nach Schweden zu schaffen. Sie bestand ihre Sturmtaufe bei den großen Fluten im Dezember 1904, 1913 und 1978, als die Insel unter einer gewaltigen Schneelawine verschwand. Gleich nach Weihnachten 1978 setzten schwere Stürme ein und jagten mit Windstärken zwischen neun und zehn meterhohe Brecher über die Mole. Aber es sollte noch schlimmer kommen. Die Temperaturen fielen, am nächsten Morgen war die gesamte Mole vereist und der Hafen eine arktische Gletscherlandschaft. Nachmittags nahm der Sturm wieder zu. Es wurden dicke Schiffstampen von Haustür zu Haustür gespannt, damit die Menschen nicht umgerissen wurden, sobald sie vor ihre Häuser traten. Dann begann der Schneesturm und damit ein Jahreswechsel, von dem auf Rügen noch heute erzählt wird. Züge blieben auf offener Strecke stecken und schneiten bis über das Dach ein, die Straßen trieben zu und verschwanden, ganze Dörfer wurden von der Außenwelt abgeschnitten. Die Stromversorgung fiel aus, die Lebensmittel wurden knapp. Überall bildete man Krisenstäbe, die Nationale Volksarmee wurde zur Schneeräumung eingesetzt, aber das schwere Gerät blieb in den meterhohen Verwehungen stecken. Die Versorgung mußte aus der Luft organisiert werden, Hubschrauber brachten Kranke und Schwangere nach Stralsund und Greifswald. Die Kasernenbäckereien der Roten Armee lieferten frisches Brot, und plötzlich gab es eine Art nicht verordneter deutsch-sowjetischer Freundschaft. Vielleicht wird auf Rügen auch deshalb heute noch so leidenschaftlich über jenen stürmischen Jahreswechsel gesprochen und gestritten, weil sich für einen kurzen Winter der Anarchie wieder das Gefühl einstellte, daß auch Armee, Partei und Staatssicherheit nichts gegen die entfesselten Mächte der Natur ausrichten konnten.

Zu den Legenden, die im Bollwerk der Mole vermauert wurden, gehört der Schwanenstein, der bis 1889 unweit des Damenbades im Wasser gelegen hatte. Die Sassnitzer Mütter erzählten damals ihren neugierigen Kindern, daß der Schwan die Babys brächte und sie nachts auf dem Schwanenstein ablegen würde. Wer eines haben wollte, müsse sich im Schutz der Dunkelheit hinschleichen und es holen,

sobald er den Flügelschlag der Schwäne hörte. Leider lag er genau an der Stelle, die die kaiserliche Hafenbehörde für die Mole ausgemacht hatte, und so verschwand er mitsamt der Sage im Fundament. Mit ihm verschwanden auch die letzten Bauernfischer, die es auf Rügen von Arkona bis Zudar seit Jahrhunderten gegeben hatte. Der Fremdenverkehr brachte mehr ein als die Landwirtschaft, und so verzichteten viele Hofbesitzer auf Kuh und Pflug und beackerten stattdessen das neue Feld des Tourismus. Aber die Fischerei ließen sich die Rüganer nicht nehmen.

Jeder Sassnitzer Junge wollte zur See. Das lag zum einen an den Geschichten der Väter und Brüder, die bereits auf Frosttrawlern und Kuttern fuhren, zum anderen daran, daß man seit der Geburt auf der Insel auf eine Mauer aus Wasser blickte, die sich höher als der »antifaschistische Schutzwall« am Horizont auftürmte. Segeln, Tauchen, ja selbst Ruderbootfahren waren auf der Ostsee verboten und konnten als versuchte Republikflucht geahndet werden. Nachts patrouillierten Doppelposten der Grenzbrigade Küste an den Stränden und verscheuchten Liebespaare und die Rotweintrinker von den Lagerfeuern. Rügen war Grenzgebiet, und die bewaffneten Organe ließen auch im Sommer nicht mit sich spaßen. Andererseits zogen sich, von West-Berlin und aus der Bundesrepublik kommend, lange Auto- und Lastwagenkolonnen durch die Stadt, die zum Fährhafen rollten und von dort aus weiter an die Strände und Fjorde Skandinaviens.

    Es muß einer dieser Dia-Abende bei Wernesgrüner Export und Salzstangen gewesen sein, die mein Vater nach einer langen Reise gern veranstaltete, an denen mich das Fernweh endgültig und unheilbar packte. Er hatte auf dem Forschungsschiff »Ernst Haeckel« als 2. Nautischer Offizier den Nordatlantik befahren und abtauchende und aus dem Wasser schnellende Buckelwale fotografiert. Nicht einmal die Felswände der norwegischen Fjorde oder die Aufnahmen von Kopenhagen und Stockholm machten einen größeren Eindruck auf mich als die steil aus dem Wasser ragenden Fluken der Wale. Man verdiente außerdem gut bei der Fischerei, die wegen der immer problematischen Versorgungslage eine Schlüsselindustrie der DDR bildete. Man sah ein Stückchen von der Welt, und wenn man besonderes

Einstmals haben die Rüganer viele Schiffe gehabt, damit sie zur See werts handelten und kriegten. Itzt aber müssen sie keine haben, sonder allein Boote, damit sie ihre Ware zum Sunde bringen mögen ...

Thomas Kantzow |
Pomerania, 1538

Glück hatte, sah man sogar Wale. Ich habe es zwar nur anderthalb Jahre an Bord ausgehalten, aber keinen Tag bereut. Gleich auf der ersten Reise mit der »Doggerbank« ging es durch den Øresund an Kopenhagen vorbei und durch Kattegatt und Skagerrak zum Kabeljaufang bis nach Stavanger hinauf. Ich sah die norwegische Küste von Grimsdat bis Haugesund und erlebte auf der Rückreise meine ersten Nordseestürme. Auf der Brücke bei Windstärken zwischen neun und zehn den Kurs zu halten und schließlich vor Bornholm unter Land zu laufen, war eine Erfahrung, die mir heute noch so präsent ist wie damals, als ich bei jedem heranrollenden Brecher glaubte, gleich den aufgewühlten Meeresgrund zu sehen, so tief stürzte der Kutter in die Wellentäler hinab. Die See schlug über das Deck und krachte schäumend gegen Mast und Aufbauten, während ich mich ans Steuerruder klammerte wie ein Schiffbrüchiger an einen Faßdeckel. Wir waren acht Mann auf dem Kutter, also mußte vom Kapitän bis zum Matrosen jeder alles können, was sich von mir auf meiner ersten Reise beim besten Willen nicht behaupten ließ. Ich war in Rostock auf Frosttrawlern ausgebildet worden, auf denen die Maschinisten nicht im Fisch stehen und beim Schlachten helfen mußten. Weder hatte ich gelernt, eine Netzwinde zu fahren, noch einen Kabeljau auszunehmen. Dazu kam, daß mich auf dieser ersten Reise vom Auslaufen bis zum Festmachen im Sassnitzer Hafen die Seekrankheit volle drei Wochen gepackt hatte und ich zwischen Brücke und Maschinenraum ein erbarmungswürdiges Bild abgab. Es erbarmte sich aber keiner. Also lernte ich unter den mehr oder weniger sarkastischen Bemerkungen der Besatzung Kurs zu halten, einen vollen Steert an Bord zu hieven, Kabeljau zu schlachten und unter Deck ins Eis zu stauen und eine Räuchertonne zu bestücken. Es war eine Knochenarbeit, die sich zwar auszahlte, aber ohne Schnaps, Zigaretten und Kaffee kaum durchzuhalten war. Kein Fotograf hat die Härten dieses Berufes besser erfaßt als der Franzose Jean Gaumy in seinem Buch *Männer auf See.*

Meine letzte Reise ging noch einmal in die Nordsee und als wir vollgefischt und todmüde einen Tag vor Weihachten wieder in Sassnitz um die Mole in den Hafen einliefen, wußte ich, daß dies meine letzte Reise gewesen war. Aber auf der Suche nach Walen bin ich noch immer und habe sie seit dem Fall der Mauer an der Stellwagenbank vor Cape Cod, im Barkley Sound vor Vancouver Island, im Kaulakahi Kanal vor Hawaii und vor dem Großen Barriere Riff auftauchen sehen. Eines Tages, so hoffe ich noch immer, werde ich auch einen Wal vor Rügen sichten.

Wenn man die Tonne vor dem Sassnitzer Molenkopf ansteuert, sieht man backbords das Ufer von Dwasieden, an dem Friedrich Hitzig, der die Berliner Börse und die Markthallen am Schiffbauerdamm entworfen hat, 1874 ein Schloß für den Bankier Adolph von Hansemann baute. Von Hansemann war die rühmliche Ausnahme unter den deutschen Bankiers der Gründerjahre. Das lag zum einen daran, daß schon sein Vater David als preußischer Finanzminister ein liberaler und weitblickender Geist war, der es deswegen auch nur sieben Monate im 48er Kabinett aushielt. Er zog es vor, angesichts der Borniertheit der preußischen Beamten und Junker in die aufblühende Wirtschaft zu gehen und 1851 die Disconto-Gesellschaft zu gründen, aus der später die Deutsche Bank hervorgehen sollte. Sein Sohn Adolph erbte den Weitblick, den Fleiß und den Direktorenposten seines Vaters und wurde neben Bleichröder der einflußreichste Bankier der Bismarck-Zeit. Er finanzierte den deutsch-französischen Krieg und damit die Gründung des Deutschen Kaiserreichs. Während die Politik sich am Operettenpomp Wilhelm II. berauschte und von einer Zukunft auf dem Wasser schwadronierte, baute Hansemann mit seinen Gesellschaften Eisenbahnnetze in China und Venezuela und unterstützte die Kolonialpläne des Eisernen Kanzlers mit finanzpolitischen Mitteln. Bereits 1880 hatte er mit Bismarcks Unterstützung die Deutsche Seehandelsgesellschaft gegründet und den Kauf von Samoa ermöglicht. 1885 kam die Neu-Guinea-Compagnie hinzu und wenig später Bergwerke in China und Südwest-Afrika. Außerdem gründete er Banken in ganz Europa und Übersee. Er war einer der vermögendsten Männer des Kaiserreichs und das in jeder Beziehung. Dabei blieb er schlicht, neugierig, freundlich und weltoffen bis an sein Lebensende. Weder Macht noch Geld konnten sein Urteil kaufen, Titel und Ehren schon gar nicht. Es gibt eine Biographie von Herrmann Münch, die man allen bundesdeutschen Managern zur Pflichtlektüre machen sollte, falls man der Illusion verfallen ist, sie könnten sich eine solche Mischung aus Anstand, Kompetenz und Weitblick als Lebensweg vorstellen.

Hansemanns Frau Ottilie war eine ebenso außerordentliche Frau. Sie liebte die Künste, sie musizierte vorzüglich und kannte sich in der Poesie ebenso gut aus wie in der Politik. Deshalb war sie eine der ersten, die die deutsche Frauenbewegung nachhaltig unterstützte und ihre Vertreterinnen nach Dwasieden einlud, was unter den verkniffenen Damen der Rügener Gesellschaft für den giftigsten Tratsch sorgte. Natürlich ließ sie sich davon nicht beeindrucken. Ebenso praktisch und lebensklug veranlagt wie ihr Gatte, stiftete sie schon vor ihrem Tod eine Million Reichsmark zum Bau eines Studentinnenstifts, denn Frauen durften in Preußen zwar studieren, aber sie fanden kaum einen Hauswirt, der ihnen ein Zimmer vermietete. Mit diesem Problem mußte sich auch die junge Franziska Tiburtius herumschlagen, die aus Bisdamitz auf Jasmund stammte, in der Schweiz promovierte und gegen massive Anfeindungen 1878 die erste »Klinik weiblicher Ärzte« Deutschlands in Berlin gründete. Das Hansemannsche Stift steht noch heute in Berlin-Charlottenburg.

Das Dwasiedener Schloß war ein Alterswerk von Hitzig, und wenn man die alten Stiche und Fotografien betrachtet, dann sieht man, daß es sein gelungenster Entwurf ist. Es stand in einem weitläufigen Landschaftspark vor den Toren von Sassnitz und mit Terrasse und Haupteingang zur Ostsee hin. Das Entree und das Treppenhaus waren in klassischer Säulenfront gegliedert. Hitzig zeigte sich hier ganz als Schüler Schinkels. Von den Türmen über der Front des Erdgeschosses muß man eine phantastische Aussicht gehabt haben. Kurz, es war ein klassischer Traum in einem romantischen Park. So viel Schönheit mußte dem herrschenden Durchschnitt ein Dorn im Auge sein, denn nichts haßt das Mittelmaß wütender als das Außerordentliche und das Geistvolle. So war nach Hansemanns Tod das Schicksal des Dwasiedener Schlosses besiegelt. Zwar gab es mit der Eröffnung der Eisenbahnfährverbindung zwischen Sassnitz und Trelleborg 1906 und der Hochzeit von Gerhart Hauptmanns Sohn Benvenuto und der Prinzessin von Schaumburg-Lippe 1928 noch einmal glanzvolle gesellschaftliche Höhepunkte, aber die hielten nicht länger als die junge Hauptmannsche Ehe. Die Erben verkauften das Schloß in gutem Glauben an eine Casinonutzung der Stadt Sassnitz, die das Schloß aber umgehend an die Reichsmarine weiterreichte, welche eine Garnisonsschule für Entfernungsmessung einrichtete. Die *Rügensche Post* schwärmte 1938

Man sieht das Schloß in Sassnitz von der Landungsbrücke aus. Man denkt an Uhlands Ballade vom Hohen Schloß am Meer, man denkt ein wenig auch an Schloß Holkenäs in Fontanes wundervollem Roman »Unwiederbringlich« ...

Ludwig Sternaux | *Herbstfahrt an die Ostsee,* 1918

von der »schönsten Marinedivision Deutschlands«. Nach der Einnahme Rügens quartierte sich 1945 ein Stab der Roten Armee ein, dem Flüchtlinge aus dem Baltikum und Polen folgten. Die Einheitssozialisten jagten das geschundene Bauwerk schließlich in die Luft und ließen den Schloßpark verwildern. Vier Jahre später zog ein Stab der Volkspolizei-See in den Marstall des Schlosses ein und begann mit dem Aufbau einer geheimen U-Boot-Schule. Die Kellergewölbe des Schlosses nutzte man als Arrestanstalt und Lager. Doch schon nach wenigen Monaten wurde auch dieses Geheimkommando aus Kostengründen aufgelöst, und in die U-Boot-Schule zog eine Nachrichteneinheit. Auf dem Schloßgelände stationierte man später eine Garnison der Volksmarine, die hier bis 1989 ihren Standort hatte. Ich kannte die Schloßruine nur aus den Erzählungen meines Onkels, aber an den Dwasiedener Strand mit den Hansemannschen Befestigungsanlagen konnte man entlang der Absperrzäune noch immer kommen. Nach der Schule sind wir oft am Klocker Ufer schwimmen gegangen oder haben am Lagerfeuer Beatles und Rolling Stones gehört. 1975 habe ich hier nach etlichen Runden Nordhäuser Doppelkorn und unter großem Beifall meiner Freunde den Entwurf zur Gründung der Freien Republik Rügen verlesen, der vorsah, sich per Volksentscheid wieder an Schweden anzuschließen und lange Haare, Rock 'n' Roll und Jeans in der Verfassung zu verankern. Es dauerte noch fünfzehn Jahre, bis sich diese Forderungen dann mit dem Fall der Mauer erledigten.

Die Zerstörung dieses architektonischen Meisterwerks ist eines der dunklen Kapitel in der Rügener Kulturgeschichte, so wie die Sprengung des Putbuser Schlosses, die Plünderung vieler Guts- und Herrenhäuser sowie die Umwandlung der alten Bäderhotels in Partei- und Gewerkschaftsheime nach der berüchtigten Aktion »Rose« im Jahre 1953. Rügen litt seit Jahrhunderten unter Bürokraten der kunstfeindlichsten Sorte, auf die schon Moltke das abschließende Wort geprägt hat: »Kirchtumspolitiker ohne eine Spur von Großzügigkeit, kleinlich, hämisch, voller Neid und Mißgunst, gehässig und kurzsichtig, daß es zum Erbarmen ist.«

Eines der merkwürdigsten Hünengräber der Insel ist der südöstlich von
Sagard gelegene Dobberworth. Über die Entstehung dieses Grabhügels
wird die folgende Sage erzählt: Vor langer Zeit hauste auf Jasmund eine
Riesin, die sich in den Fürsten von Rügen verliebt hatte und ihn zum Manne
nehmen wollte. Als er lachend ablehnte, rief die Riesin ihre Gefolgsleute
zusammen und wollte die Landenge zwischen dem Großen und dem
Kleinen Jasmunder Bodden mit Sand und Steinen auffüllen, um schneller
gegen den Fürsten ins Feld ziehen zu können. Aber schon der erste Versuch
schlug fehl. Kaum war die Riesin mit einer Schürze voller Steine bis nach
Sagard gekommen, als der Stoff zerriß und alles zur Erde fiel. Durch dieses
Mißgeschick entstand der Dobberworth.

Alfred Haas | *Rügensche Sagen und Märchen,* 1903

| Von Dwasieden nach Sagard

Am Strand von Dwasieden haben wir als Schuljungen Strandgut gesammelt, Fossilien und Bernsteine und Kartuschen. Die Kartuschen stammten von den Torpedoschiffen, die beim britischen Fliegerangriff auf Sassnitz am 6. März 1945 gesunken waren. An der Mole und auf Reede lagen damals viele Flüchtlings- und Lazarettschiffe. Die »Robert Möhring« hatte über 500 Verwundete an Bord, als sie von zwei Bomben getroffen wurde. 350 Menschen verbrannten auf dem Schiff bei lebendigem Leib. Der Angriff galt vor allem den Kriegs- und Transportschiffen sowie der Torpedoversuchsanstalt im Hafen, er traf aber auch die Stadt. 136 Sassnitzer und 167 Flüchtlinge sollen den Bomben und Luftminen zum Opfer gefallen sein. Zusammen mit den toten Soldaten und Matrosen liegen sie im Dwasiedener Schloßpark nahe der Hansemannschen Schloßruine und in einem Massengrab auf dem alten Friedhof am Crampasser Berg. Nach dem Angriff, erzählte mir später meine Mutter, erfaßte viele Menschen Panik, zumal auch die Rote Armee immer näher kam und schon vor Greifswald stehen sollte. Meine Großmutter entschloß sich, mit ihren drei kleinen Kindern auf ein Flüchtlingsschiff zu gehen und die Flucht über die Ostsee ins neutrale Schweden zu wagen. Aber als sie mit dem Packen anfing, trat mein Urgroßvater dazwischen. »Wi hebben noch Vieh in 'n Stall! Wegger een kümmert sich darüm? Un wovon sollen wi alle Mann läbn, in Schweden, wo wi keen een kennen daun? Wi bliwen hier upp 'n Hoff.« Er hat mit seinem Greisenstarrsinn unserer Familie das Leben gerettet, denn das Flüchtlingsschiff, auf das meine Großmutter gehofft hatte, lief auf eine Mine und sank.

Die Russen, die am 5. Mai 1945 mit der 90. Ropschaer Schützendivision Rügen besetzten und von denen einige im Haus meiner Großmutter in Sagard einquartiert wurden, wunderten sich, warum es nur alte Frauen und kleine Kinder im Dorf gab. Die jungen Mädchen waren in die Wälder gelaufen und hatten sich in Baumhäusern und Förstereien versteckt. Vielleicht waren es die weinenden Kinder auf ihrem Arm, die meine Großmutter und meine Mutter, die damals neun Jahre alt war, vor Schlimmerem behüteten.

Sassnitzer Frauen gingen auf die Straße. Als die Mutigen vor der Kommandantur am »Hotel am Meer« standen, war ihre Zahl auf über zweihundert angewachsen. Man versuchte immer wieder, »Rädelsführer« herauszufragen, aber das gelang nicht. Der verwirrte Kommandant wußte sich nicht mehr zu helfen. Er flüchtete. Der ganze Ort erfuhr bald von diesem Ereignis, das mitentscheidend war für das Schicksal seiner Einwohner.

Hans-Jürgen Meyer | *Blinkzeichen am Rügendamm*, 1990

Das war keineswegs in allen Häusern der Fall, aber über Vergewaltigungen und Erschießungen wurde später bei den Familienfeiern ebenso geschwiegen wie über die Vertreibung der Juden, den Fliegerangriff oder die Herrschaft der Nazis auf der Insel. Vor seiner Flucht im April 1945 hatte der Gauleiter Schwede-Coburg noch die Vorbereitung von Werwolf-Aktionen angeordnet, die nach der Sprengung der Stralsunder Ziegelgrabenbrücke und des Rügendammes durchzuführen seien. Es war eine Gruppe von etwa 200 Sassnitzer Frauen, die dagegen vor dem Gefechtsstand des Generalmajors Voigt im »Hotel am Meer« protestierten. Sie forderten die kampflose Übergabe der Hafenstadt. Ausgegangen war der Protest von der Lehrerin Frau Jädke und den Hausfrauen Dueque, Haß, Schimmelpfennig und Wolter, die von dem Werwolf-Befehl gehört hatten. Weder zu DDR-Zeiten noch nach der deutschen Einheit befanden es die Sassnitzer Honoratioren für nötig, an diese tapferen Frauen zu erinnern. Es muß wohl am schlechten Gewissen liegen. Oder, wie Christoph Hein seinen Racine in der Erzählung vom *Lever Bourgeois* vermuten läßt: »Vielleicht ist die Fähigkeit, ein Verbrechen zu verschweigen, die Bedingung der menschlichen Rasse, in Gesellschaft zu leben.«

Vom Dwasiedener Ufer kann man lange über die Felder in Richtung Blieschow wandern, ohne einer Menschenseele zu begegnen. Man entdeckt auf diesem Weg die erstaunlichsten Ausblicke über die Prorer Wiek und weit über die Insel. Vom Siebenberg führt eine holprige LPG-Straße zum Goldberg hinunter, von dem man auf Sagard und den Dobberworth blickt. Für die Wissenschaft ist diese Anhöhe vor Sagard das größte Hügelgrab der Bronzezeit in Norddeutschland, für uns war es immer ein sagenhafter Ort. Mein Onkel kannte die Geschichte von einem Gutsbesitzer, dem der Dobberworth beim Pflügen im Wege war und der ihn abtragen lassen wollte. Er zerbrach Pferd und Wagen, aber erst eine warnende Stimme aus dem Berg soll ihn zur Umkehr veranlaßt haben. Man erzählte auch, daß die Unterirdischen früher verkleidet ins Dorf gekommen seien und verschiedene Bauern baten, ihnen zu

126 | Kreidebruch Räsin

Michaelis eine Fuhre Korn an den Berg zu bringen. Zum Lohn wollten sie mit Gold bezahlen, die Fuhrleute durften sich aber beim Abladen auf keinen Fall umsehen. Wenn die Neugierigen nicht auf die Warnungen hörten, dann verschwanden oft ganze Fuhrwerke im Dobberworth, und die Bauern konnten von Glück reden, wenn sie heil ins Dorf zurückkehrten.

Am Goldberg erzählte mir mein Onkel auch schaurige Geschichten aus seiner Kindheit, von Hexen, Teufelsaustreibern und Selbstmördern. Als er zehn Jahre alt war, ging ein Sagarder Kreidebruchbesitzer bankrott und jagte sich mit einer Kiste Dynamit in die Luft. Der Dorfpolizist und die Feuerwehr waren überfordert, und die Erwachsenen hatten alle Hände voll mit der Ernte zu tun, also bezahlte der Amtsvorsteher den Schulkindern einen Groschen pro gefundenem Körperteil, weil die Witwe, wie mein Onkel sagte, ihren Gatten gern komplett bestatten wollte. Auf den Finger mit dem Ehering war eine Mark ausgesetzt, aber den fand ein Jäger mit seinem Hund erst Wochen nach der Beisetzung. Die Geschichte dieses drastischen Endes soll es bis auf die Titelseiten des »Californian Star« von San Francisco geschafft haben, der sie seinen Lesern als »Weltrekord in Himmelfahrt« verkaufte.

Das Haus meiner Großmutter stand am Dorfrand von Sagard, und von der Dachkammer aus konnte man den Dobberworth sehen. Diese Dachkammer war beinahe noch schöner als mein Kabäuschen in Buddenhagen. Es gab zwei tiefe Kastenbetten, einen grünen Kachelofen, auf dem eine korallenrote Südseeschnecke lag, einen Waschtisch mit Wasserkanne und Schüssel und den weiten Blick über die Felder zum Goldberg hinauf. Vor allem zu Ostern war es ein Fest, in dem Garten hinter dem Haus Nester zu suchen oder aus der Brunnenaue Osterwasser zu holen.

Die Brunnenaue ist das erste Bad Rügens gewesen, 1794 von Pastor Heinrich von Willich und seinem Bruder Moritz als »Brunnen-, Bade- und Vergnügungsanstalt zu Sagard« gegründet und mit Badehaus, Pavillon und Kegelbahn ausgestattet. Dem Berliner Oberkonsistorialrat Johann Friedrich Zöllner, der Sagard 1795 besuchte, verdanken wir folgende Beschreibung des Bades in der Brunnenaue: »Mitten in der Pfarrkoppel, und zwar einige hundert Schritte von dem Flecken entfernt, quillt der Brunnen und bewässert die romantische Gegend mit silberreinen Bächen. Über die Quelle selbst ist ein hohes, turmartiges Gebäude

De Feller, Wisch und Straaten
De liggen ganz verlaten
So still un as in 'n Drom.
De Abendwind geiht liesen
Un singt sien eegen Wiesen
In stille Rauh liggt Busch un Boom.

Plattdeutsches Kirchenlied |
16. Jahrhundert

aufgeführt, und nicht weit davon steht das Badehaus. Der Haupteingang zu letzterem führt in einen Saal, der zum Versammlungsorte der Badenden bestimmt ist und nachmittags zugleich zur gemeinsamen Belustigung der Brunnengäste dient.« Heute erinnert nur noch der Pfad entlang des schmalen Sagarder Bachs an das einstige Bad. Immerhin hat Friedrich Schleiermacher hier gekurt, romantische Briefe geschrieben und später die Witwe seines Freundes Ehrenfried von Willich geheiratet. Die Schleiermachers waren, als das Badeleben am Meer in Mode kam, 1824 die ersten Sassnitzer Sommergäste. Dazu mußten sie allerdings noch ihre eigenen Bettgestelle und auch das Bettzeug mitbringen. Die Fischer vermieteten einen frischgeweißten Katen am Strand, dessen einziger Schmuck eine Efeuranke an der Zimmerdecke war. Das Aufkommen dieser Seebäder setzte dem bescheidenen Badebetrieb in der Brunnenaue ein Ende. Aber Sagard kann dennoch für sich in Anspruch nehmen, das älteste Bad Rügens gewesen zu sein und den ersten Reisenden die Schönheiten der Insel erschlossen zu haben. Da die Kurgäste nicht wochenlang nur kohlensaures Quellwasser trinken und Kegel schieben wollten, organisierten die Brüder von Willich Kutschpartien zum Dobberworth, an den Spyker See und natürlich auch durch die Stubnitz zum Königstuhl. Der berühmteste Gast soll Heinrich von Kleist gewesen sein, der die Brunnenaue gemeinsam mit seiner Schwester Ulrike im Frühsommer 1800 besuchte und dort neben anderen Ludwig von Brockes kennenlernte.

Heinrich von Willich hatte große Pläne für sein Kirchspiel, und seinem Bruder, der als Rügener Landphysikus praktizierte, schwebte gar ein Badeort im Stil von Heiligendamm vor. Aber schon um die Jahrhundertwende hatte die Brunnenaue ihre gute Zeit hinter sich, und mit der französischen Besetzung 1807 sowie der Eröffnung des fürstlich-putbusschen Badebetriebs von Lauterbach kam das Ende. Der umtriebige Pastor von Willich liegt neben seiner Kirche St. Michael, die schon 1210 errichtet wurde und zu den ältesten Gotteshäusern der Insel gehört, begraben. Man mag es kaum glauben, daß der Rügener Bäderstolz von dieser hinterm Kirchhof versteckten Pastoratskoppel seinen Anfang genommen hat.

Ungemein anmutig sind die beiden Spaziergänge längs der Brunnen-Aue. An Ergötzlichkeiten anderer Art ist da Caroussel, Kegelbahn, Spieltische, Fortuna, Schaukel, Wippen, Scheiben; Musik und Tanz fehlen auch nicht ...

Johann Friedrich Zöllner |
Reise durch Pommern nach der Insel Rügen, 1797

Endlich auf Rügen! Wo ich mich ins Meer gestürzt habe, kopfüber,
um meine schwarzen Teufel zu ersäufen … Hier ist alles ruhig, das Meer,
der Wald, die Männer und sogar die Frauen. Nur ich nicht.

August Strindberg | *an Frieda Uhl,* am 26. Juni 1893 aus Sellin

Um den Unterschied zwischen der Bäderkultur des 18. und des 19. Jahrhunderts in Augenschein zu nehmen, läßt sich ein Abstecher nach Binz nicht vermeiden. Ich gestehe, daß ich mir aus diesem berühmtesten Rügener Seebad nie viel gemacht habe, was damit zu tun hat, daß in seinem Kurhaus noch zu DDR-Zeiten zu Tanztees aufgespielt wurde und ich dort als Kind viele langweilige Sonntagnachmittage verbringen mußte. Die Strandpromenade mit den langsam zerfallenden Fassaden der alten Bädervillen erschien mir fast ebenso trist. Mein Onkel ging nie mit mir nach Binz, für ihn war es immer das Bad der Neureichen und der Bonzen. Lediglich die alte Villa »Sirene« mit einer ins Muschelhorn blasenden Nixe als Dachzier erregte meine Phantasie, und ich erfand später für meine Badebekanntschaften kleine Geschichten. Unter anderem behauptete ich, daß es hier und nirgends anders gewesen sei, wo Hans Christian Andersen auf der Durchreise nach Berlin den Einfall zu seiner *Kleinen Meerjungfrau* gehabt hätte und sich unter diesem Dach auch später mit der angebeteten Sängerin Jenny Lind, der »schwedischen Nachtigall«, getroffen habe. Diese Geschichten weckten bei den jungen Damen immerhin Interesse und ließen mich den Zusammenhang zwischen Phantasie und Eros schätzen lernen. Auch Theodor W. Adorno hat hier im Sommer 1933 gedichtet, und zwar ein Singspiel nach Mark Twains *Tom Sawyer* mit dem schönen Titel *Der Schatz des Indianer-Joe*. In der Villa Aegir soll er es einem kleinen Kreis von Freunden, darunter Elisabeth Hauptmann und Gretel Karplus, vorgelesen haben. Eine Abschrift davon schickte er stolz »als Gruß von Insel zu Insel« nach Ibiza an Walter Benjamin.

Das Schönste an Binz jedoch ist nicht die berühmte Strandpromenade, sondern der Spaziergang durch die Granitz zum Jagdschloß. Fürst Wilhelm Malte zu Putbus, dem wir schon begegnet sind, hatte es zwischen 1836 und 1846 nach Plänen von Johann Gottfried Steinmeyer errichten lassen, wobei der Mittelturm auf einen Entwurf Schinkels zurückgeht. Er beherbergt die große, gußeiserne Wendeltreppe, die zur Turmkrone hinaufführt, von wo man bei gutem Wetter die beste Sicht über die Insel hat.

Heulte mir die Augen aus dem Kopf, während ich wieder Effi las, eine Seite pro Tag, wieder unter Tränen. E f f i ... Pause. Hätte mit ihr glücklich sein können, da oben an der Ostsee, zwischen den Kiefern und den Dünen.

Samuel Beckett |
Das letzte Band, 1959

Das Gästebuch des Schlosses belegt, daß der europäische Hoch- und Geistesadel diese Wendeltreppe emporgestiegen ist: Friedrich Wilhelm IV. und der preußische Kronprinz, der König von Schweden und die Großfürstin von Rußland, die Prinzen von Schleswig und Württemberg sowie Adolph von Menzel und Wilhelm von Humboldt. Unterhalb des Schlosses ließ der Fürst das alte Jagdhaus seines Großvaters Moritz Ulrich zu einer Vogtei ausbauen, die noch heute steht. Zu DDR-Zeiten wurden Haus und Grundstück als Pionierlager genutzt. Hier lernten wir im Sommer nach Karte und Kompaß zu wandern, im Wald Pflanzen und Tiere zu bestimmen, Zelte aufzubauen und Lagerfeuer anzulegen. Aber obwohl Binz für seinen Sandstrand und für seine schönen Mädchen bekannt war, fuhren wir als Schüler zum Baden lieber nach Prora.

Von Dwasieden aus führt ein Hochuferweg nach Mukran. Ein unberührtes Stück Natur, die Felder endeten direkt am Steilhang, und wir mußten uns den Weg jedes Frühjahr neu bahnen. Es gab Feldhasen, Uferschwalben und Ringelnattern; und wir wanderten vom Großen Steingrab an der sogenannten Hölle bis zu den Feuersteinfeldern, wo man Blaubeeren und Kreuzottern finden konnte. Die Feuersteinfelder liegen versteckt in den Wäldern der Schmalen Heide und erinnern an eine Sturmflut, die vor mehr als 3000 Jahren Feuersteinmassen von der Ufern Jasmunds bis hierher geschwemmt haben muß. Zwischen Heidekraut und Wacholderbüschen ziehen sich diese schimmernden Geröllfelder auf mehr als zwei Kilometern durch den Uferwald am Heidemoor.

Im Sommer fuhren wir mit unseren Fahrrädern die alte Mukraner Landstraße hinunter bis zu den ersten Blöcken der KdF-Bauten von Prora, die die Rote Armee im Frühjahr 1946 vergeblich zu sprengen versucht hatte. Hier übten Fallschirmjäger der Nationalen Volksarmee während der Landemanöver Häuserkampf, aber wir ließen uns trotz drohender Schilder mit Totenköpfen und der Aufschrift »Minen, Lebensgefahr!« und »Schußwaffengebrauch!« nicht davon abhalten, durch den Zaun zu klettern und an

Hier auf Rügen ist es wundervoll. Ich konnte mich so schön ausruhen, wie noch nie, seit ich erwachsen bin.

Albert Einstein |
an Heinrich Zangger, 1915

den Strand zu gehen, wo auch andere furchtlose Rüganer ihre Handtücher ausgebreitet hatten. Gefährlich wurde es erst, wenn die großen Landungsboote am Horizont auftauchten und sich zum Manöver der Bucht näherten. Dann mußte man eilends seine Badesachen packen, bevor die Schwimmpanzer aus den Landungsluken ins Wasser rumpelten. Weniger gefährlich waren die Streifen, die ab und zu auftauchten und uns zum Verlassen des Strandes aufforderten. Man konnte immer behaupten, durch den Wald gekommen zu sein, denn der Schlagbaum ins Militärgebiet befand sich aus unerfindlichen Gründen weiter südlich an der Straße. Die Frechheit hatten wir von unseren Eltern und Geschwistern gelernt, die sich diesen fast menschenleeren Strand auch von der Nationalen Volksarmee nicht streitig machen lassen wollten. Es war außerdem einer der wenigen FKK-Strände, und meine sonnenbadende Mutter antwortete einmal einem Unteroffizier, der ihr androhte, neben ihr stehenzubleiben, bis sie gehen würde, seelenruhig: »Wenn es Ihnen Spaß macht.« In voller Uniform, mit Kalaschnikow und Magazintasche machte das im Hochsommer selbst zwischen lauter nackten Schönen nur kurze Zeit Spaß, und ich werde nie vergessen, wie der Unteroffizier zusammen mit seinem schwitzenden Gefreiten nach zehn Minuten scheppernd abzog und folgenlose Drohungen ausstieß.

Prora war kein Erholungsheim, es zählte vielmehr zu den militärischen Knochenmühlen im sozialistischen Wehrerziehungslager. Außer der Unteroffiziersschule gab es noch ein Fallschirmjäger- und ein Aufklärer-Bataillon. Ich hatte zu meiner Dienstzeit bei der Nationalen Volksarmee einen Oberleutnant und einen Hauptmann, die beide aus Prora nach Bad Frankenhausen versetzt worden waren und gern die Geschichte zum besten gaben, wie die Unteroffiziersschüler am ersten Morgen in Reih und Glied und feldmarschmäßig am Strand zum Sonnenaufgang antreten mußten, worauf der Unteroffizier vom Dienst sie Haltung annehmen ließ und verkündete: »Seht Euch dieses Schauspiel genau an, Genossen! Es ist das einzig Schöne, das ihr in den nächsten sechs Monaten zu sehen kriegt!«

Die KdF-Anlage die sich mehr als fünf Kilometer lang am Strand von Prora hinzieht, war 1935 vom Reichsarbeitsdienst und der Organisation »Kraft durch Freude« in einem Architekturwettbewerb ausgeschrieben und schließlich an den Kölner Architekten Clemens Klotz vergeben worden. Der machte an diesem Strandabschnitt seinem Namen alle Ehre. Der Bau begann 1936 und sah eine Blockbebauung vor, in der neben 10 000 Ferienzimmern riesige Gemeinschaftshallen, Sportplätze, Veranstaltungssäle und Kaianlagen mit Anlegern für die großen KdF-Schiffe entstehen sollten. Mehr als 5000 Arbeiter kamen nach Prora, das 1941 von Hitler persönlich eingeweiht werden sollte.

Dann aber änderte der Führer seine Pläne zur Ertüchtigung der deutschen Volksgemeinschaft und beschloß, sie statt nach Rügen in den Krieg zu schicken. Schon 1939 wurden die ersten Bautrupps abgezogen, und die Anlage wurde bis zum Kriegsende nicht mehr fertiggestellt.

Nach der Roten Armee kam die kasernierte Volkspolizei, dann die Nationale Volksarmee, schließlich für ein kurzes Zwischenspiel die Bundeswehr und zu guter Letzt das Bundesvermögensamt, das den Militärkomplex in allen Zeitungen der Welt zum Kauf anbot, ohne daß sich ein Interessent fand. Inzwischen sind Antiquariate, Galerien und Souvenirbuden eingezogen sowie ein bemerkenswertes Dokumentationszentrum, in dem man sich über die Bau- und Zerfallsgeschichte von Prora informieren kann. Es ist das einzige Museum auf der Insel, in dem die Besucher Genaueres über die Jahre zwischen 1933 und 1945 erfahren können. Offenbar sind die Tourismusverbände der Meinung, daß die braune Vergangenheit die weiße Pracht Rügens überschatten könnte, und erwähnen Prora deshalb immer nur als »längstes Gebäude Europas«, als handele es sich bei den KdF-Kasernen um ein Architekturwunder aus dem Guinness-Buch der Rekorde. Über alte und neue Nazis spricht man hier nicht gern. Auch die Politiker wären erleichtert, wenn die Klotz-Burgen von einem finanzkräftigen Investor endlich in eine glitzernde Marina verwandelt würden. Ein Blick auf die Strände zwischen Macau und Malibu läßt ahnen, was den Bundesvermögensverwaltern und ihren Rügener Kollegen vorschwebt. Es erinnert an Brechts Bemerkung anläßlich der Diskussion um den Wiederaufbau von Mies van der Rohes Denkmal für Rosa Luxemburg und Karl Liebknecht auf dem Friedhof von Friedrichsfelde, der von Pieck und Ulbricht verhindert wurde: »Die Deutschen haben keinen Sinn für Geschichte – vermutlich, weil sie keine Geschichte haben«. Aber den deutschen Sinn für Geschichtsklitterung kann man auch auf Rügen gut studieren.

Als der Krieg mit Polen ausbrach, kam ein Mann von der Organisation Todt und sagte: »So, meine Herren, jetzt ist hier vorerst Feierabend. Der Sieg ist ja schnell erreicht, und dann machen wir weiter.«

Hans Schulten | ehemaliger Bauleiter in Prora im Interview, 1990

Als ich von Karlsburg kam, bin ich auf 24 Stunden in Putbus gewesen; ein Bekannter von der Insel nahm mich dahin mit. Ich habe beim Fürsten diniert und sehr viel Interessantes über seine Gesandschaft von ihm gehört. Auf der Rückfahrt habe ich an der Seekrankheit gelitten, was mir übrigens sehr gut bekommen ist. Ich wünsche Dir ein Gleiches, dh. ohne Seekrankheit und bitte Dich, Mutter herzlich zu grüßen.

Otto Fürst von Bismarck | *Briefe an den Vater,* 1837

Von Prora aus empfiehlt es sich, den Bus zu nehmen, um nach Bergen zu fahren. Die Inselhauptstadt ist von den bekannteren Hafen- und Bäderorten immer etwas von oben herab behandelt worden, und selbst Bergens berühmte Söhne Arnold Ruge, Johann Grümbke und Wilhelm Rudolph haben für ihre Heimatstadt allenfalls ein mitleidiges Achselzucken übrig gehabt. Bergen sei grau, langweilig, ein Verwaltungs- und Beamtennest, in dessen Amtsgebälk mißmutige Katasterkäuze und Steuereulen hausten. Grümbke hat Bergen erst am Ende seines Rügen-Buches einer Beschreibung für wert gehalten und die fiel wenig schmeichelhaft aus: »Holprige, abschüssige Wege, schiefe, schlecht gedämmte, zum Teil ungepflasterte Straßen und Durchgänge, für Menschen und Vieh gleich unbequem zu passieren, schmutzige Winkel, kleine, mitunter sehr schlechte, höchstens mittelmäßige Häuser, die ohne Ordnung bald hierhin, bald dahin gesetzt sind. Man glaubt vielmehr in die elendste Landstadt gekommen zu sein, ein Glaube, worin man dadurch, daß Bergen weder Mauern noch Tore hat, noch mehr bestärkt wird. Weiterhin nach dem Markt zu, wohin alle Hauptstraßen führen, wird die Gestalt der Häuser zwar etwas zierlicher, aber an Symmetrie und Schönheit in der Anlage ist nicht zu denken, und selbst der Marktplatz ist ungestalt und schiefwinklig.« Kein Zweifel, Grümbke hat Bergen nicht gemocht, und die Stadt hielt im Gegenzug nichts von einem ihrer bedeutendsten Gelehrten. Immerhin hat er der Genauigkeit halber erwähnt, daß Bergen auf dem Rugard den ältesten Fürstensitz Rügens und mit St. Marien die älteste Kirche der Insel beherbergt, und auch die Geschichte des ehemaligen Zisterzienserklosters ausführlich gewürdigt. Bergen ist, auch das muß gerechterweise gesagt werden, von keinem Brand- oder Kriegsunglück seiner Zeit verschont geblieben, und kaum daß die Söldner und die Feuerteufel abgezogen waren, kamen die pommerschen Patrioten und schließlich die preußischen Sozialisten. Bergen kann neben Johann Jacob Grümbke auch auf den Chirurgen Theodor Billroth und den Politiker Arnold Ruge stolz sein. Der erste linderte das Leid der Magenkranken dieser Welt, der letztere wollte die Magenkrankheiten der Welt überhaupt heilen. Während an Billroth immerhin eine Plakette an seinem Geburtshaus erinnert, möchte man von Ruge nichts mehr wissen, wahrscheinlich weil er kurzzeitig mit Marx zusammengearbeitet hat und somit heute wohl als belastet eingestuft wird. Arnold Ruge war in Wahrheit ein treudeutscher Jung-Hegelianer und Urdemokrat, der am Ende seines Lebens, nachdem ihm der preußische Staat seinen ange-heirateten Besitz abgenommen hatte, sogar einen Ehrensold von Bismarck bezog. Zum Dank verfaßte er scheußliche Elegien. So rächte sich jeder auf seine Weise, Bismarck mit Geld, Ruge mit Lyrik. Lesenswert sind seine Erinnerungen *Aus früherer Zeit,* in denen eine spökenkiekerische Kauzigkeit herumgeistert, die Marxens Ausspruch von der »pommerschen Dickschädeligkeit Ruges« nachvollziehbar macht.

An den anderen berühmten politischen Dickschädel erinnert der Ernst-Moritz-Arndt-Turm auf dem Rugard, wo im Mittelalter das alte Rügener Fürstenschloß gestanden hat. Man kann über Arndts Deutschtümelei und seine Lyrik denken, was man will, aber man muß ihm zwei Verdienste zugute halten: seinen furchtlosen Kampf gegen die Leibeigenschaft und seine Rügener Märchensammlungen. Der 1803 erschienene Versuch einer *Geschichte der Leibeigenschaft in Pommern und Rügen* trug wesentlich zur Aufhebung der Leibeigenschaft bei und seinem Autor Haß und Verfolgung von seiten des pom-merschen Adels ein. Und seine *Märchen und Jugenderinnerungen* von 1843 legten den Grundstein für die Arbeiten von Alfred Haas, einem anderen bedeutenden Bergener, der hier nicht unweit von Grümbke begraben liegt. Dessen Schriften zur Geschichte und Volkskunde Rügens gehören zum Besten und Lesenswertesten, was zwischen 1900 und 1950 über die Insel geforscht und geschrieben worden ist und wären längst eine Neuauflage wert. Man kann an diese Männer denken, wenn man die Stufen zum Arndt-Turm hinaufsteigt und an den Ausruf des Berliner Physikers und Naturgeschichtlers Fried-rich Wadzeck: »Es gibt vielleicht in ganz Europa keinen Standpunkt, der soviel sanftes Schöne so lieblich vereint!«

In Wahrheit ließen sich die Rüganer nur befreien, weil sie es nicht hindern konnten. Diejenigen, welche mir Schuld geben, ich hätte den Deutschen immer zuviel zugetraut, wissen nicht, wie früh ich ihr Talent, sich ihren Befreiern zu wider-setzen, kennen gelernt!

Arnold Ruge | *Aus früherer Zeit,* 1862–1867

Nach Putbus sollte man möglichst in einer Kutsche kommen. Es ist die einzige Residenzstadt der Insel, und sie besitzt das schönste Ensemble klassizistischer Bauten, vom Circus bis zum Schloßpark. Wie so viele andere Orts- und Flurnamen stammt auch Putbus vom slawischen »pod boz« ab, was soviel bedeutet wie »hinter dem Busch«. Ob damit Flieder oder Holunder gemeint sind, die noch heute im Park zu finden sind, überlassen wir ebenfalls den Gelehrten.

Auch Putbus soll ein slawischer Herrensitz gewesen sein. Eine Urkunde von 1253 bezeugt, daß Nicolai de Podebuz seine Tochter an Stanislaw II. von Vilmnitz verheiratet hat. Dessen Söhne führten dann bereits Namen und Wappen von Putbus, und nach dem Aussterben des Rügener Fürstengeschlechts unter Wizlaw III. um 1325 wurden die Herren zu Putbus das führende Adelshaus auf der Insel. Ihr Wohnsitz, das »Steinerne Haus« wird 1371 zum ersten Mal urkundlich erwähnt. 1532 erscheint der Ortsname auf der Orteliusschen Karte, und für das gleiche Jahr verzeichnen die Chronisten neben dem Schloß einen Krug und einen Brauhof.

Putbus, und das gilt bis ins 20. Jahrhundert, wuchs mit seinen Fürsten. Der baufreudigste und bedeutendste war Fürst Wilhelm Malte, dem wir schon anläßlich der Völkerschlacht als Bernadottes Adjutanten und auf Schloß Granitz begegnet sind. Er ließ zwischen 1808 und 1823 Putbus zu seiner Residenz und zu einem vornehmen Badeort umbauen. Die Anregungen, die er dafür seinen Architekten Steinbach und Steinmeyer gab, kamen von den klassizistischen Anlagen in Bad Doberan und Heiligendamm und von seiner großen Italienreise zwischen 1810 und 1811. Wilhelm Malte hat sich auch selbst als autodidaktischer Architekt an der Erstellung der Baupläne beteiligt und war zu Recht stolz auf sein weißes Kleinod am Rügenschen Bodden, das 1816 als »Seebad Putbus« eröffnet wurde. Dabei stand ihm sein Studienfreund Graf Hahn, der später als Theater-Hahn in ganz Mecklenburg bekannt werden sollte, getreulich zur Seite. Hahns Theaterleidenschaft, die ihn während seiner Zeit als Page des schwedischen Königs am Stockholmer Hof befiel, war so verschwenderisch, daß seine Familie ihn finanziell unter Kuratel stellte. Davon ließ sich der Graf nicht weiter beeindrucken und machte fröhlich neue Schulden. Er finanzierte Theater in Doberan, auf seinem Gut Remplin und in Putbus. Von 1806 bis 1807 leitete er sogar das Schweriner Schauspielhaus. Otto von Bismarck kam im Herbst 1866 für zwei Monate als Gast des Fürsten nach Putbus, um seiner Frau den Verfassungsentwurf für den im August gegründeten »Norddeutschen Bund« zu diktieren. Das *Putbuser Diktat* wurde sieben Jahre später zur Grundlage der ersten deutschen Verfassung.

Das Putbuser Theater aber ist von allen das schönste. Gerhart Hauptmann hat es in seinem Theaterroman *Im Wirbel der Berufung* zum Mittelpunkt des dramatischen Geschehens um eine Sommeraufführung von Shakespeares *Hamlet* gemacht. Und Wolfgang Koeppen, dessen Mutter hier bei den Abstechern der Greifswalder Bühne im Souffleurkasten saß, beschreibt es in seinem Roman *Jugend* samt Schloß und Park als einen Ort unheimlicher Verwandlungen. Zur Zeit der Jugendweihe erlebte ich, wie dieselben Mädchen, mit denen wir vormittags noch auf der Schulbank saßen, sich abends im Theaterfoyer in junge Damen mit atemberaubenden Abendkleidern verwandelten, während wir in unseren ersten Anzügen etwas linkisch danebenstanden.

Ich hatte das große Glück, zweisprachig aufzuwachsen. Zu Hause und in der Schule sprach man Hochdeutsch, bei meinen Großeltern und allen Großtanten und -onkeln Platt. Das Plattdeutsche ist einer der ältesten und gestischsten deutschen Dialekte, und man kann mit einem einzigen Satz die Lebenserfahrung ganzer Generationen umreißen: »Sup di dun und frätt di dick und holl din Muul von Politik.«

Brecht, der aus dem bayrischen Dialektraum kam, brachte seinen Schauspielern gestisches Sprechen bei, indem er sie bat, ihre Texte in den jeweiligen Dialekt ihrer Heimat zu übersetzen. In den meisten Fällen veränderte sich die Haltung der Schauspieler sofort, wurde genauer, leichter und heiterer. Von all diesen Bühnentricks ahnte ich damals nichts, als ich *Das Ende vom Anfang* und *Ein Pfund abheben* von Sean O'Casey auf plattdeutsch sah. Ich fiel vor Lachen fast vom Theatersitz. Diese irischen Sanges- und Saufbrüder samt ihren hart arbeitenden Frauen und anderen Widersachern waren wie unsere Nachbarn, und gleichzeitig begriff ich, daß in den Komödien und Farcen von nebenan Stoffe fürs Theater steckten. Das war eine überraschende Erkenntnis, denn ich hatte bisher außer meinen bereits erwähnten Phantasiegeschichten nur an Neruda, Bobrowski und Sarah Kirsch geschulte Liebesgedichte für meine

Putbus ein Idyll. Dingsda-Stimmung, mit einem Hauch ins Höfisch-Steife, das etwas Rührendes hat. Ein Potsdam en miniature. Eine tote Zeit schläft hier und erzählt sich selbst von der Vergangenheit.

Ludwig Sternaux | *Herbstfahrt an die Ostsee*, 1918

Freundinnen verfaßt und mich ums Theater nicht viel gekümmert. Zwar gastierten im »Sassnitzer Hof« ab und zu das Stralsunder und das Greifswalder Theater mit Märchenstücken, aber außer einer besonders scheußlichen Hexe in *Hänsel und Gretel* und einer besonders zauberhaften Fee in *Dornröschen,* ist mir davon nichts in Erinnerung geblieben.

Nach der O'Casey-Aufführung beschloß ich, plattdeutscher Komödiendichter zu werden. Doch dann war es Brecht, der mich für die nächsten 25 Jahre beschäftigen sollte. Durch die Beschäftigung mit seinem Werk lernte ich auch die Stücke von Peter Hacks und Heiner Müller kennen, die den Geschichtslektionen meines Onkels Paul einiges hinzufügten. Begeistert machte ich mich vom Sassnitzer Hafen auf den Weg ans Berliner Ensemble am Schiffbauerdamm und vertauschte die Planken der SAS Vikingbank mit den uralten Brettern, die die Welt bedeuten. Die plattdeutsche Komödie trat vorerst hinter die Idee vom politischen Welttheater zurück, welches 1989 mit unerwarteter Dramatik die Bühnen Europas erschütterte. Das Theater fand nun für ein paar Jahre auf den Straßen und in den neugewählten Parlamenten des Landes statt, von den Leipziger Montagsdemonstrationen bis zu den Protestmärschen vor die Treuhandanstalt in der Leipziger Straße. Der Norden der DDR reagierte gewohnt zurückhaltend auf die Revolutionsbegeisterung in Sachsen und Preußen. Es soll Fälle gegeben haben, wo Autofahrer mit Rostocker Kennzeichen deswegen an Tankstellen in Berlin und Dresden kein Benzin bekommen haben. »Lernt erst mal demonstrieren, ihr feigen Fischköppe!« sollen die erbosten Zapfwarte die Nordlichter beschieden haben. Als ich 1990 auf Rügen meinen ersten Shakespeare übersetzte, begriff ich wieder, daß die große Weltkomödie ebensogut in Lancken wie in London stattfinden kann.

Dat Speeln is keene Kunst,
öwer dat Uphürn.

Plattdeutsches Sprichwort |

Die einen zeichnen sich dadurch aus, daß sie eigene Gedanken produzieren, die anderen durch Reproduktion der Gedanken anderer, die dritten durch beides. Viele leider auch durch keines von alledem.

Hugo Sholto Graf Douglas | *Lebensbetrachtungen,* 1910

| Von Putbus über Ralswiek nach Schaprode

Von Putbus kann man auf den Alleenstraßen Rügens über Zirkow, Karow und Buschwitz mit dem Rad bis nach Ralswiek fahren. Ralswiek ist inzwischen fast ebenso bekannt wie Binz, allerdings nicht wegen seines Strands oder seiner Promenaden, sondern wegen Störtebeker. Seit der Rostocker Generalintendant Hanns-Anselm Perten hier 1959 KuBas historische Ballade vom blonden Klaus und seinen frühsozialistischen Likedeelern zum ersten Mal aufführte, hat der Geist Störtebekers den kleinen Ort am Jasmunder Bodden nicht mehr verlassen. Nach der Wende folgte auf Perten der Intendant Peter Hick, der auch vom Volkstheater kam, aber nicht vom sozialistischen, sondern von den Karl-May-Festspielen. Dementsprechend wurde die Störtebeker-Legende umgeschrieben, die seit 1993 zum größten Freilichtbühnenerfolg der Insel wurde.

Zu den unvergeßlichsten Szenen dieses alljährlichen Spektakels gehört für mich – neben den beachtlichen Fecht-, Reit- und Segelkunststücken der Akteure – eine Eröffnung der Saison durch die Rügener Bundestagsabgeordnete und CDU-Vorsitzende Angela Merkel. Der Intendant wollte ihr zum Auftakt des Wahlkampfes 2002 ein schlagkräftiges Argument in Form eines Piratenschwerts verehren, in dessen Klinge der tiefsinnige Spruch eingraviert war: »Mit dem Schwert der Gerechten wirst Du siegen!« Dazu muß man sich vorstellen, daß der Intendant ein Zweimetermann war und das Schwert die Ausmaße eines mittelalterlichen Bidenhänders hatte. Als er das gute Stück an die damalige Oppositionsführerin übergab, geriet sie verständlicherweise ins Schwanken, und das Publikum feixte. Angela Merkel sah nicht sehr glücklich aus, aber sie lächelte tapfer und hob kampfentschlossen die schwere Klinge ins Licht. Damals bekam ich eine Ahnung, was Heiner Müller meinte, als er Politik die »Verwaltung von Verzweiflung« nannte.

Außer den Störtebeker-Festspielen kann Ralswiek mit einem der schönsten Landschlösser Rügens aufwarten. Oberhalb des alten Probsteihofes derer von Barnekow erwarb Hugo Sholto Graf Douglas

Grund und Boden und erbaute sich und seiner Gattin dort 1893 ein Traumschloß, das an französische Renaissanceburgen in den Tälern der Loire erinnert. Dem Dorf Ralswiek schenkte er eine schwedische Holzkirche, die noch immer am Ortseingang zu bewundern ist. Nachdem die Familie Douglas 1946 enteignet wurde, richtete das DDR-Gesundheitswesen im Schloß ein Alters- und Pflegeheim ein. Glücklicherweise blieb die Innenausstattung des Schlosses, zu dem auch eine von Henry van de Velde entworfene Jugendstilbibliothek gehört, verschont. Ich kannte auch dieses Schloß seit meiner Kindheit, denn die Mutter meines Onkels Paul war hier zur Pflege untergebracht, und wir besuchten sie oft an den Wochenenden. Die alten Frauen und Männer in ihren dünnen Kittelschürzen und abgewetzten Strickjacken wirkten auf mich wie eine geisterhafte Dienerschaft, die das Schloß auch nach der Vertreibung ihrer Herrschaft bewohnte und sich weigerte, es zu verlassen. Heute ist das Schloß liebevoll renoviert und beherbergt außer fürstlichen Gästezimmern auch eine der größten privaten Sammlungen Rügener Landschaftsmalerei. Man kann im Grafenkeller speisen, in der Bibliothek Störtebeker-Romane lesen und im Sommer auf der Terrasse das Feuerwerk der Seeräuber bewundern.

Auch die Frühgeschichte Ralswieks ist bemerkenswert. Archäologen haben hier einen der größten Handelsplätze der Ranen aus dem 9. Jahrhundert ausgegraben und dabei sogar Boote und einen Hacksilberschatz gefunden, der Handelsbeziehungen bis in den Orient beweist. Rügen zog offenbar schon früh Reisende aus aller Herren Länder an.

Weiter geht die Wanderung auf den Spuren Grümbkes über Gingst und Trent nach Schaprode. In Gingst sollte man unbedingt die Pfarrkirche St. Jacobi besuchen, das zweitgrößte Gotteshaus der Insel, das eine prachtvolle Barockorgel von Christian Kindt aus Stralsund besitzt. Hier wirkte der Pastor Johann Gottlieb Picht, der sich schon früh bei der schwedischen Regierung für die Aufhebung der Leibeigenschaft einsetzte. 1774 bekam er die königliche Erlaubnis – mehr als dreißig Jahre vor der

allgemein verfügten Aufhebung der Leibeigenschaft in Schwedisch-Vorpommern. Picht holte 1779 auch eine Innung der Damastweber nach Gingst, deren Tuche bald in ganz Pommern begehrt waren und den Ort wohlhabend machten. Der Berliner Oberkonsistorialrat Johann Friedrich Zöllner, früher Hauslehrer Alexander von Humboldts, war auf seiner Rügenreise im Jahr 1795 bei Picht zu Gast und verfaßte anschließend seine *Reise durch Pommern nach der Insel Rügen*, die 1797 erschien und wesentlich zur Entdeckung Rügens durch die Romantiker beitrug. Nur mit dem Plattdeutschen der Rügener hatte Zöllner mitunter Schwierigkeiten und wünschte sich deshalb ein entsprechendes Lexikon. Es muß seiner Aufmerksamkeit entgangen sein, daß bereits 1781 in Stralsund Johann Carl Dähnerts *Platt-Deutsches Wörterbuch nach der alten und neuen Pommerschen und Rügischen Mundart* erschienen war, das sich noch heute wie ein gepfefferter Rügener Spruchbeutel liest.

Von Gingst aus sollte man einen Abstecher zu den umliegenden Gutshäusern von Boldevitz oder Kartzitz machen. Das Herrenhaus von Boldevitz beherbergt die bereits erwähnten Rügener Bildertapeten von Jakob Phillip Hackert, und das Gut Kartzitz hat einen der schönsten englischen Landschaftsparks der Insel, mit kleinen Seen, künstlichen Inseln, Blutbuchen und hohen Platanen.

Über Trent, in dessen Kirche sehenswerte Epitaphe der Familien von Platen und Jasmund hängen, kommt man in das alte Fährdorf Schaprode. Am Ortseingang steht eine sogenannte Mordwange aus dem Jahr 1368, ein Granitstein, der ein großes Kruzifix zeigt. Da die Inschrift stark verwittert ist, wird ihre Bedeutung wohl für immer rätselhaft bleiben. Es geht die Legende, daß der Stein zur Buße für den Mord an einem Abt von Hiddensee aufgestellt wurde. Andere sagen, er erinnert an einen erschlagenen Ritter, dessen Wappen noch andeutungsweise zu erkennen ist.

Schaprode war jedenfalls ein historisch bedeutsamer Ort – nicht nur wegen seiner Lage gegenüber Hiddensee, dem das Dorf seinen Namen verdankt. »Sza broda« bedeutete im Slawischen nämlich »bei der Fähre«. Hier schloß Waldemar I. von Dänemark nach seinem ersten Feldzug gegen die Wenden 1159 mit den Ranen einen Friedensvertrag. Bis zur Zerstörung Arkonas sollten noch elf weitere Feldzüge folgen, denn die Pommern und Rüganer hingen an ihrer Freiheit ebenso wie an ihren alten Göttern und

Supen: Saufen, von den Tieren, übermässiges Trinken beim Menschen Ein großer Mensch kann wohl: ut de Dackrünn supen; im Vergleiche: Supen as'n Stint, as'n Lock, as'n Iel, as'n Pommer, auch: better supen as schriewen koenn, sick von Rock un Stock; von Huus und Hoff supen In Sprüchen: De räden all von mien Supen, öwer keen rädt von mien Doest, Supen makt lustig, öwer annern Dag 'n dicken Kopp, Sup di dun und frätt di dick und holl din Muul von Politik

Kleines Plattdeutsches Wörterbuch | 1985

Bräuchen. Sogar Heinrich der Löwe mischte sich in diese Händel ein, ging es doch um nicht weniger als die Sicherheit der Ostseeschiffahrt und um die Handelsverträge mit Gotland und Nowgorod. Nach dem Fall von Arkona teilte er sich mit König Waldemar Beute und Tribute von Rügen. Knapp hundert Jahre später taucht der Ortsname noch einmal in den Chroniken auf, als es im Streit zwischen Thron und Altar Dänemarks um die Nachfolge des Bischofs von Roeskilde zum »Interdict van Scaprode« kam. Der Bann des Erzbischofs gegen den König löste einen blutigen Krieg zwischen dessen Witwe Königin Margarethe und dem Rügenfürsten Jaromar II. aus, der sich zum Beschützer des Glaubens aufwarf. Unter Roeskildes Flagge eroberte er Kopenhagen und wütete anschließend so grausam auf Seeland und Bornholm, daß selbst sein Verbündeter argwöhnte, dies sei eine späte Rache für Arkona. Doch lange konnte Jaromar sich seines Triumphes nicht freuen. 1260 fand er den Tod »durch den rächenden Dolch einer tapferen Frau«, wie die dänischen Chronisten befriedigt schreiben. So stand auch Schaprode für ein Jahrhundert im Blickfeld mittelalterlicher Politik.

Bevor man auf die Fähre nach Hiddensee geht, sollte man einen Blick auf den Hafen werfen. Man wird es vielleicht nicht für möglich halten, aber die Schiffer Schaprodes machten im 18. Jahrhundert in den Häfen von Kopenhagen, Portsmouth und Bordeaux fest. Im Siebenjährigen Krieg verdienten die Schaproder Kapitäne mit ihren Getreidefrachten gutes Geld – sehr zum Verdruß des Stralsunder Rats.

Frühere Glasmalereien der Kirchenfenster von St. Johannes zeigten unter anderem den stolzen Dreimaster des Kapitäns Claes Gau als holländisches Traumschiff unter vollen Segeln. Erst gegen Mitte des 19. Jahrhunderts verlor Schaprode seine Position als erster Rügener Seeschiffshafen an Breege und Wiek auf Wittow. Aber wer genau hinsieht, findet auch heute noch Zeichen des einstigen Glanzes auf den alten Grabsteinen und Inschriften auf dem Schaproder Kirchhof. Ohne diese kühnen Schiffer wären Rügen und Hiddensee noch lange verschlafene Provinzen geblieben. So aber brachten die Kapitäne und ihre Besatzungen nicht nur englisches Steingut, flandrische Tücher und Muscheln vom Atlantik mit nach Hause, sondern auch Nachrichten aus der Welt jenseits des schimmernden Horizonts.

Mien Vadding is een Schipper
Mien Vadding föhrt tau See
Ut Holland halt hei Kaffee
Un halt ut China Tee.

Ick will de See befohren
Un halen Öl un Wien
Seefohrers, seggt uns Grössing
Seeföhrers mütten sien!

Rügener Kinderlied |

Die Entstehung der Insel Hiddensee

Als die Mönche auf die Insel Hiddensee kamen, um ihr Kloster zu bauen, da
gab es auf der Insel weder Krug noch Gasthof, so daß sie bei den Einwohnern
um Nachtlager und Abendbrot bitten mußten. Einst kam ein solcher Mönch
auch zur Mutter Hidden, doch die war geizig und hart und wies dem frommen
Mann die Tür. Da ging er zu ihrer Nachbarin, Mutter Vidden, die ihn mit freund-
lichen Worten aufnahm und ihm Bett und Brot gab. Als er am anderen Morgen
weiterzog, sagte der Mönch: »Gott vergelts, und das erste Werk, das du heute
vornimmst, das soll dir reichlich gesegnet sein.«
Mutter Vidden wollte ein kleines Stück Leinwand abmessen, das aber hinten
und vorne nicht reichte. Als sie es nun abzumessen begann, da nahm die Leinwand kein Ende. Sie maß die ganze Stube voll, und erst als sie zur Tür heraus-
treten mußte, hörte das Wunder auf.
Ihre Nachbarin sah den Reichtum und als sie die Geschichte gehört hatte, da
mahnte sie Mutter Vidden, den Mönch beim nächsten Mal ja zu ihr herüber
zu schicken. Und so geschah es. Als der Mönch eines Tages wieder an ihre Tür
klopfte, da wurde er wie ein Herr empfangen und das Beste aus Küche und
Keller wurde aufgetischt. Er stellte sich, als ob er ihre Absicht nicht merkte und
sagte am andern Morgen: »Vergelts Gott, und was du heute Morgen zuerst
verrichtest, das soll dir reichlich geraten.«
Darauf hatte Mutter Hidden nur gewartet. Sie lief zum Geldkasten, um ihre
Taler zu zählen. Doch noch ehe sie damit anfangen konnte, kam ihr ein dringen-
des Bedürfnis, und sie mußte eilends hinters Haus, um sich zu erleichtern. Wer
beschreibt aber das Erschrecken, als der Segen sich umgehend erfüllte und ihr
Wasser schließlich all das Weideland überflutete, welches die Halbinsel noch mit
Rügen verband. So wurde Hiddensee eine Insel und kam zu seinem Namen.

Alfred Haas | *Die Insel Hiddensee*, 1896

| Von Schaprode nach Hiddensee

*Wizlaw, des Herrn Jaromar Sohn,
von Gottes Gnaden Fürst der
Ruyaner. Wir wollen hierdurch
den jetzt und später lebenden
Menschen bekannt machen, daß
wir ... dem gesamten Cister-
cienserorden und insbesonders
dem ehrwürdigen Herrn Arnold,
Abt des Klosters Neuenkamp, die
ganze Insel Hyddense geschenkt
haben, mit dem Vollbesitz dieser
Insel, so wie sie von allen Seiten
vom Salzmeer umflossen wird ...*

Aus der Schenkungsurkunde |
13. April 1296

Eine der ältesten Erwähnungen – wenn man einmal von der Edda und der undatierten Entstehungssage des Volksmundes absieht – findet Hiddensee in der Schenkungsurkunde Wizlaw II. an das Zisterzienserkloster Neuenkamp. Neuenkamp war ein Tochterkloster von Altkamp am Rhein, der ältesten deutschen Zisterze, und lag in der Nähe von Franzburg bei Stralsund. Schon Wizlaws Vorfahren hatten mit den Stiftungen der Klöster von Bergen, Eldena und Neuenkamp ihre Glaubenstreue unter Beweis stellen wollen, und so war es nur folgerichtig, daß auch ihr Enkel ein neues Kloster in seinem Fürstentum stiftete. Am 13. April 1296 siegelte er die Schenkungsurkunde an die Zisterzienser, die auf Hiddensee eine Abtei im Namen des Heiligen Nikolaus, des Schutzpatrons der Seefahrer, gründen sollten.

Dessen Segen konnte Wizlaw II. gut gebrauchen, denn er war einer der umtriebigsten Rügenfürsten und als Diplomat und Feldherr im ganzen Ostseeraum bekannt. Anders als sein Vater Jaromar II. setzte er auf Verhandlungen statt auf Totschlag. In Rostock hatte er entscheidenden Anteil am Zustandekommen des Landfriedensbundes von 1283 zwischen den norddeutschen Fürsten und den Seestädten zwischen Lübeck und Stettin. In Hinterpommern erwarb er umfangreiche Ländereien und gründete die Städte Rügenwalde und Schlawe. Sein größter diplomatischer Erfolg jedoch war die Vermählung seiner Tochter Eufemia mit dem norwegischen Herzog Hakon V., der 1299 zum König gekrönt wurde. Bei einem Besuch in Oslo starb Wizlaw im Jahre 1302 und wurde dortselbst in der Marienkirche mit fürstlichen Ehren beigesetzt.

»Damit in eben dieser auf der Insel Hyddense begründeten Abtei des heiligen Nikolaus die Gottesverehrung und beständige Verherrlichung desselben ewig daure«, wie er in der Schenkungsurkunde verfügt hatte, waren dem Kloster auch die Fischrechte zwischen Hiddensee und Rügen sowie die Gerichtsbarkeit übertragen worden. Der Bischof von Roeskilde bestätigte die Stiftung, und die Mönche gingen, gemäß ihrem Ordensspruch »Ora et labora«, umgehend an die Arbeit. Schon 1297 waren die ersten Gebäude der Abtei errichtet, und gegen Ende desselben Jahres verfügten die Äbte von Altkamp und Amelungsborn die Aufnahme des neuen Klosters in die Gemeinschaft der Zisterzienser.

Die Hiddenseer waren von den neuen Nachbarn keineswegs begeistert. Das Kloster soll 1373 und 1389 von Feuersbrünsten heimgesucht worden sein, und die Chroniken munkeln von Brandstiftung. Ähnlich wie die Rüganer blieben die Hiddenseer in ihrem Herzen Heiden und betrachteten den neuen Glauben und seine Sendboten mit Argwohn. Der steigerte sich noch, als die Mönche ihnen die »Todrift«, ihr uraltes Besitzrecht auf jegliches Strandgut, streitig machen wollten. Angeblich sollen sie bei Stürmen und Unwettern manchen Schiffsstrandungen auch mit irreführenden Lichtern nachgeholfen haben. Einige Historiker mutmaßen, daß Fürst Wizlaw insgeheim froh war, die starrköpfigen Hiddenseer an die Mönche losgeworden zu sein, die von da an auch für die Sicherheit der Schiffahrtswege nach Stralsund und Dänemark zu sorgen hatten. Schon 1306 schloß das Kloster deshalb mit der Stadt Stralsund einen Vertrag über die Errichtung eines Leuchtturms an der äußersten Spitze des Gellens, der als Luchte noch in den Karten von 1584 und 1608 eingezeichnet war. Dort war bereits ein Schutzhafen und eine kleine Kapelle angelegt worden, um Reisenden und Schiffbrüchigen die Sakramente spenden zu können. Ihre Fundamente kann man vom Schiff aus bei Niedrigwasser noch heute in der Ostsee ausmachen. Rekonstruktionen haben ergeben, daß die Luchte wie eine Art Kirchturm direkt an die Kapelle angebaut war – ein Gotteslicht als Seezeichen. Auch darüber werden die Hiddenseer, die neben dem Fischfang auf das Strandgut angewiesen waren, nicht erfreut gewesen sein. Schon um 1300 begannen die Mönche, Siedler aus Friesland und Sachsen anzuwerben, um die Erträge der Landwirtschaft zu steigern. Auch die Fischerei spielte für die Fastenküche des Klosters eine wichtige Rolle.

Um die Fischereirechte gab es mit den Stralsunder Fischern, die mit großen Zeesenbooten die Fischgründe vor Hiddensee plünderten, handfesten Streit. Als eine Abordnung des Klosters die sundische

Ein Hiddenseer Schiffer, der vor vielen Jahren aus Spanien zurückkehrte, berichtete, daß er dort von einem unbekannten Mann gefragt worden wäre, was für ein Landsmann er sei. Er habe geantwortet, er sei auf Hiddensee zu Hause, worauf der andere vertraulich näher gekommen wäre und geflüstert habe: Er müsse wissen, daß an dem Ort, wo vordem das Kloster gestanden, noch immer große Schätze vergraben seien.

Hans Findeisen | *Die Volkssagen der Insel Hiddensee, 1924*

Fischereizunft zur Rede stellen wollte, wurden die Mönche verprügelt und auf Befehl des Bürgermeisters Wulflam ins Stadtgefängnis geworfen. Erst eine Klage beim Landesherren bewegte die hochfahrenden Stralsunder Ratsherren zum Einlenken. Der letzte Abt hatte 1534 endgültig den Bettel satt und unterzeichnete gemeinsam mit seinem Prior einen Vertrag, in dem er das Kloster samt allen seinen Besitzungen an die Herzöge von Pommern abtrat. Ein herzoglicher Rentmeister kam zur Verwaltung des Klosterguts nach Hiddensee, aber als die Insel schon 1570 dem Bergener Rentamt zugeschlagen wurde, begannen die Bauten der Mönche zu verfallen. Man plünderte sie als Steinbruch für Stallungen und Höfe, und was übrig blieb, zerstörten die Landsknechte Wallensteins. Heute erinnert nur noch die kleine Inselkirche von Kloster, die als Pfarrkapelle der Gemeinde diente und den Grabstein des Abtes Johannes Runneberg birgt, an die Zeit der Zisterzienser.

Der bedeutendste Schatz, der sich auf Hiddensee fand, ist der berühmte Wikingerschmuck aus dem Besitz von König Harald Blauzahn, den die Sturmflut von 1872 an den Strand warf. Aber um von den Wikingern bis zum Goldschatz von Neuendorf zu kommen, benötigen wir der Übersicht halber auch für Hiddensee eine kurze Chronik.

| *Kleine Inselchronik*

Hiddensee ist, wie Rügen, von den Gletschern der letzten Eiszeit geformt worden. Nach dem Rückgang der Eismassen und dem Ansteigen des Wasserspiegels ragten drei Moränen aus der See: der Dornbusch im Norden, der Inselkern zwischen Vitte und Neuendorf und die langgestreckte Südspitze des Gellen. Kreide findet man auf Hiddensee erst in großer Tiefe, das Eis hat hier vor allem Sand, Lehm, Ton und Kies abgelagert. Kaum hatten die Gletscher sich zurückgezogen, begann das Meer an den Küsten zu fressen. Es trug das Ufer des Dornbuschs, der der Insel zeitweilig sogar ihren Namen gab, Meter um Meter ab und spülte die Abbrüche je nach Wind und Strömung weiter nordöstlich oder südlich wieder an. So streckt sich die Insel heute im Süden langsam dem Zingster Bock entgegen, und die Bagger des

Ein Darßer kam in den Himmel, aber Petrus verwehrte ihm den Eintritt, weil der Himmel voll sei. »Wie dat?« – »Es sind lauter Hiddenseer drin und die treiben es wahrlich zu toll!« – »Och, wenn't wierer nix is, mok ma de Dör'n bäten up!« – »Was soll das wohl helfen?« Aber Petrus öffnet die Himmelstür doch ein Stück und der Darßer ruft lauthals: »Schipp up'n Strand! Schipp up'n Strand!« Alle Hiddenseer stürzen hinaus und nun ist soviel Platz, daß der Darßer sich auf eine Bank ganz nah neben den lieben Gott setzen kann.

Alfred Haas | *Die Insel Hiddensee*, 1896

Wasserstraßenamts haben alle Schaufeln voll zu tun, die Fährrinne am Gellenstrom und vor Barhöft frei-zuhalten. Auch der Alte und der Neue Bessin im Norden sind Verlandungen, die über die Jahrhunderte wuchsen. Während die Mercator-Karte von 1595 sie noch keiner Einzeichnung für wert befindet, tau-chen sie bei Eilhard Lubin um 1600 schon als zwei kleine Inseln auf. Sie strecken sich dem Bug von Rügen entgegen und gefährden langsam, aber unaufhörlich den Inselstatus von Hiddensee. In absehbarer Zeit, so befürchtete schon Inselpastor Arnold Gustavs in den fünfziger Jahren des 20. Jahrhunderts, wird man von Wittow nach Grieben zu Fuß gehen können.

Auch Hiddensee ist bereits zur Steinzeit besiedelt worden, und wenn man Glück hat, findet man noch heute am Dornbusch Reste aus Feuersteinwerkstätten: Faustkeiltrümmer, Meißelsteine und Pfeil-spitzen. Die Anzahl der gefundenen Schaber deutet darauf hin, daß hier bereits in der Steinzeit Fisch geschuppt worden ist.

Mit den Germanen erreichten im dritten Jahrhundert nach Christus streitbare und eroberungs-gewohnte Stämme die Insel. Der Strandvogt Schluck fand 1888 in der Ostsee einen massiven goldenen Armring germanischer Herkunft, der nach Berlin verkauft wurde und 1945 in den Trümmern des Völker-kundemuseums verschwand. 1905 wurde vom Leuchtturmwärter Wenzlaff an einem Uferabbruch das Grab einer vornehmen Germanin entdeckt, das Schmuck, Tafelgeschirr und Bronzegefäße enthielt.

Zur Zeit der Völkerwanderung verließen die Germanen die Ostseeküste wieder, und slawische Ranen wanderten ein. Sie brachten ihren Gott Swantevit mit, der auf Hiddensee ebenso verehrt wurde wie auf Arkona. Da die Ranen ein kriegerisches Seefahrervolk waren, muß es zahlreiche Konflikte mit den Wikingern gegeben haben, die Hiddensee ihrerseits für Raubzüge nach Rügen und an die pommersche Küste ansteuerten. Der berühmteste Beweis ist der bereits erwähnte Goldschmuck Harald Blauzahns, den der dänische König wahrscheinlich bei der Flucht vor seinem Sohn Sven Gabelbart auf der Insel ver-graben ließ.

Der Domherr Adam von Bremen beschreibt in seiner Chronik, daß die Gegner des Christentums, das König Harald für Dänemark angenommen hatte, sich um dessen Sohn Sven scharten. Sie zwangen dem alten Blauzahn eine Schlacht auf, aus der er nur schwerverwundet entkam. Er soll danach über Hiddensee bis nach Wollin auf die berühmte Jomsburg geflohen und dort gestorben sein. Der Schmuck, den die See erst achthundert Jahre später wieder ans Tageslicht spülte, gehört zu den Meisterwerken der Wikinger Goldschmiedekunst. Er besteht aus 16 Teilen und kann neben anderen Funden von Hiddensee im Kulturhistorischen Museum von Stralsund bewundert werden. Natürlich gibt es auch eine Kopie im Heimatmuseum der Insel, das der ehemalige Leuchtturmwärter Karl Ebbinghaus 1954 im alten Rettungsbootsschuppen in Kloster einrichtete und bis zu seiner Pensionierung 1976 umsichtig erweiterte. Mit seinen Leuchtturmwärtern und seinen Pastoren hatte Hiddensee fast immer Glück. Ihnen verdankt die Inselgeschichte die wichtigsten Sammlungen und Aufzeichnungen, aus denen noch heute alle Buchautoren und Reiseführer dankbar abschreiben.

Trotz des zeitweiligen Sieges der Antichristen unter dem dänischen Gabelbart gelang es den Nachfolgern des Pommernmissionars Otto von Bamberg um die Mitte des 12. Jahrhunderts, sowohl den Dänen als auch den Pommern den christlichen Glauben mit Feuer und Schwert einzubläuen. Nur die störrischen Rüganer und Hiddenseer wehrten sich bis 1168.

Das brennende Arkona wird bis zum Dornbusch hinüber geleuchtet und auch den Ranen auf Hiddensee angezeigt haben, was die Stunde geschlagen hatte. Manche von ihnen wanderten fort, andere leisteten passiven Widerstand oder übten ihr Strandrecht so trotzig aus, daß Wizlaw II. die Idee zur bereits beschriebenen Klostergründung kam. Die große Sturmflut von 1306 zerstörte den Hafen am Gellen ebenso wie Teile der Klosteranlage. Unmut und Abwanderung nahmen zu, viele Äcker und Höfe auf Rügen und Hiddensee lagen wüst. Der Rügenfürst holte deutsche Ritter und Kolonisten aus Sachsen und Lüneburg auf seine Insel, um die verlassenen Ländereien wieder zu besiedeln und die leere Steuerkasse aufzubessern. Die slawische Sprache und Kultur vermischte sich mit der deutschen, und übrig blieben nur noch die alten Ortsnamen und der Aberglaube. 1404 soll die letzte Frau, die noch »wendisch« sprach, gestorben sein.

Die Dänen machten also eine plötzliche Verschwörung, warfen das Christentum wieder von sich, setzten den Sven zum König ein und kündigten dem Harald Krieg an. Zum Kampfe vorrückend betrauerte er wie ein zweiter David seinen Sohn Absalon, dessen Abfall ihm mehr zu Herzen ging als die eigene Gefahr.

**Chronik des
Adam von Bremen** | um 1075

Um die Herkunft des Namens von Hiddensee gab es ebenfalls einen jahrhundertelangen Streit unter den Gelehrten. Vom Hedinsey der *Edda* bis zu dänischen und deutschen Verballhornungen wurden Dutzende Varianten diskutiert und wieder verworfen. Ich werde mich auch in diesen Streit nicht einmischen und finde, wir sollten die alte Mutter Hidden aus jener Sage als Namensgeberin akzeptieren. Denn gegen das Sagenhafte haben alle Gelehrten schlechte Karten.

Nach dem Ende der Klosterzeit nahm das Elend auf Hiddensee wieder zu. Um 1577 waren die Hälfte der Kätner in Vitte so arm, daß sie keine Steuern an das Bergener Dominialamt zahlen mußten. Die Herzöge von Pommern-Wolgast, die nach dem Erlöschen des Rügener Fürstenhauses die neuen Herren der Inseln waren, sahen in Rügen und Hiddensee vor allem Geldquellen für ihre üppige Hofhaltung. Außerdem kam es zu ständigen Feindseligkeiten mit den Dänen, die ihre alte Lehnshoheit gern wiederhergestellt hätten. Der Streit zog sich bis Mitte des 15. Jahrhunderts hin. Die pommerschen Herzöge versuchten mit allen Mitteln, ihr notleidendes Land aus dem Dreißigjährigen Krieg herauszuhalten – nicht etwa, weil sie Mitleid mit ihren Untertanen hatten, sondern weil die Abgaben kaum für ihren eigenen Hof ausreichten. Aber sie kannten Wallenstein schlecht. Der kaiserliche Feldherr wollte um jeden Preis neben all seinen anderen Titeln auch noch den eines Admirals des Baltischen und der Ozeanischen Meere tragen und hatte bisher noch aus den kargsten deutschen Landstrichen Kriegskontribute herausgepreßt. Nach der Kapitulation von Franzburg wurden 1628 zehn kaiserliche Regimenter in Pommern einquartiert. In den erhaltenen Pfarrchroniken kann man nachlesen, wie erbarmungslos sie auf den Inseln wüteten. Als die Dänen nach Usedom und Wolgast vorstießen, verstärkte Wallenstein seine Truppen und belagerte Stralsund, das bisher jede Einquartierung und Tributzahlung verweigert hatte. Der Feldherr, der sich seit 1629 auch Herzog von Mecklenburg nennen durfte, schwor, die Stadt einzunehmen – und wenn sie mit Ketten an den Himmel geschmiedet sei.

Während der dreimonatigen Belagerung wurde Stralsund von See aus durch dänische Schiffe versorgt, die sich auf Hiddensee verschanzt hatten und von dort Wasser und Holz bezogen. Als Wallenstein davon erfuhr, schickte er ein Eilkommando nach Schaprode, um diese Nachschublinie abzuschneiden.

»Liebes gewaschenes Seelchen«
ist der verliebteste Ausdruck
auf Hiddensee.

Johann Wolfgang von Goethe |
Maximen und Reflexionen, um 1820

Aber die Dänen entkamen rechtzeitig auf ihre Schiffe und retteten sogar das Feldlager. Der wütende Herzog befahl, die Wälder der Insel in Brand zu stecken. Bis auf einen kleinen Wald am Schwedenhagen bei Kloster war die Insel nach dem Abzug der wallensteinschen Soldaten baumlos, und die Holzpreise stiegen auf ganz Rügen um ein Vielfaches.

1671 erklärte der schwedische Reichsrat gegenüber der pommerschen Provinz seinen Bankrott, wahrscheinlich um weiteren Forderungen an die Reichskasse Einhalt zu gebieten. Was tut die große Politik in solchen Fällen? Sie erhöht die Steuern und zettelt den nächsten Krieg an. 1674 rückten die Schweden unter Wrangel in die Uckermark ein. Sechs Monate später wurden sie bei Fehrbellin von den Brandenburgern geschlagen. Kleist hat diese Schlacht und Wrangels Rückzug im *Prinz von Homburg* dramatisch beschrieben. Da die Gelegenheit günstig war, kamen auch die Dänen über Hiddensee wieder nach Pommern, verbündeten sich mit den Brandenburgern und belagerten Stralsund. Die Stadt widerstand auch diesem Angriff und wurde der Abwechslung halber von den Schweden entsetzt.

1676 versuchte die brandenburgisch-dänische Allianz über das Eis nach Rügen zu kommen, scheiterte abermals und eroberte stattdessen Anklam und Demmin. 1677 fiel Stettin, ein Jahr später das leidgeprüfte Stralsund. Es war ein Pyrrhussieg: Nach drei Jahren Krieg hatte man die pommerschen Provinzen fast so gründlich ruiniert wie vorher in dreißig. Und das alles für ein paar feuchte Wiesen östlich der Oder und magere Zölle aus halbzerschossenen Hafenstädten.

Hiddensee hatte unterdessen zwischen 1657 und 1754 mehrfach den Besitzer gewechselt. Auf die Pommernherzöge folgten Stralsunder Ratsherren, schwedische Offiziere und schließlich der Kaufmann Joachim Ulrich von Giese. Der ist erwähnenswert, weil er aus dem Ton der Nordküste die blauweißen Hiddenseer Fayencen brennen ließ, die man heute ebenfalls im Stralsunder Museum bewundern kann. Dieser blaue Ton wird auch Cyprinenton genannt, weil in ihm eine fossile Porzellanschnecke vorkommt. Leider konnten sich Gieses filigran bemalte Service und Kacheln nicht gegen das echte Meissener Porzellan und das billige englische Steingut behaupten. Dennoch behielt er die Insel und sein schönes, doch leider nicht erhaltenes Herrenhaus bis zu seinem Tod im Jahre 1780.

Giese und seine kluge Frau Sophie Elisabeth waren wegen ihrer vielfachen Unternehmungen und ihrer Großzügigkeit bei den Hiddenseern sehr beliebt. Als die Witwe 1795 die Insel verkaufen wollte, wurde sie von einer Abordnung der Einheimischen aufgesucht. Laut Johann Friedrich Zöllner erboten sie sich, »gern mehr Abgaben zu geben und mehr Dienste zu verrichten, wenn sie nur ihre Herrschaft bleiben wollte«. Ein solches Ansinnen dürfte in der Geschichte Hiddensees einmalig gewesen sein.

Den Insulanern schwante offenbar, wer da ein Auge auf den Gieseschen Besitz geworfen hatte. Im Frühjahr 1800 kaufte nämlich der Ritter Wilhelm von Bagewitz auf Ralow die Insel. Wer wissen will, mit wem es die Hiddenseer da zu tun bekamen, der lese die Sagen über die Ralunken von Rügen. Obwohl der schwedische König Gustav Adolph schon 1806 die Leibeigenschaft aufgehoben hatte, wurden die nunmehr freien Untertanen keineswegs besser behandelt als vorher. Im Gegenteil: zwischen 1800 und 1880 nahm das berüchtigte Bauernlegen sogar noch zu, und viele nunmehr landlose Untertanen versuchten durch Flucht ihrem Elend zu entkommen und nach Nordamerika auszuwandern. Davon erzählt ein Lied von John Brinckmann, das sogar als Flugblatt gedruckt wurde und der Fluchtbewegung Einhalt gebieten sollte. Erst 1835 endete das Bagewitzsche Regime, das immerhin über die gesamte napoleonische Ära und die Befreiungskriege hinweg Bestand hatte. Philip Galen läßt seine Helden Waldemar Granzow und den Grafen Brahe nach ihrer Flucht aus Stralsund bei Bagevitz Station machen und den französischen Besatzern ein Schnippchen schlagen.

Mit Vorpommern war auch Hiddensee 1815 durch den Wiener Kongreß preußisch geworden, und die Schweden zogen ab. Auf die Preußen folgten die Nazis, auf die Nazis die Russen und auf die Russen deren zumeist sächsische Statthalter aus dem Hause Ulbricht. Seine beste Zeit hatte Hiddensee zwischen 1920 und 1930 in der vielgeschmähten Weimarer Republik. Gerhart Hauptmann hatte die Insel zum »geistigsten aller deutschen Seebäder« ausgerufen. Bevor wir die Auswirkungen der Berliner Republik auf die Insel in Augenschein nehmen, lohnt sich ein näherer Blick auf die Weimarer Jahre.

Das Baden war am schönsten in Lauterbach.
Das beste Gasthaus war in Wiek.
Am elendsten war ich in Göhren
Der billigste Ort war Thiessow.
Der teuerste war Stubbenkammer.
Der allerschönste Platz war Hiddensee.

Elizabeth von Arnim |
Elizabeth auf Rügen, 1904

Das Capri von Pommern

Der Capri-Vergleich stammt von Arved Jürgensohn, dessen 1913 erschienener Reiseführer über Hiddensee noch immer zu den klügsten und kenntnisreichsten Inselbüchern gehört. Aber die Insel ist eine spröde pommersche Schönheit und hat für überschwengliche Komplimente kein Ohr. Nach Kosegarten, Zöllner und Grümbke setzte, bedingt durch die napoleonischen Kriege, vorübergehend eine Reiseflaute ein. Das änderte sich spätestens um 1906, nach der großen Caspar-David-Friedrich-Ausstellung in Berlin. Friedrich war zwischen 1830 und 1900 so gut wie vergessen.

Es war ein Norweger, der Kunsthistoriker Andreas Aubert, der die Deutschen wieder an ihren bedeutendsten Landschaftsmaler erinnerte. Danach wurden Rügen und Hiddensee in ganz Deutschland zu ersten Adressen. Niemandem verdankt der Fremdenverkehr der Inseln mehr als Caspar David Friedrich und James Watt. Ohne Friedrich keine Rügenbilder, ohne Watt keine Dampfschiffe. Das berühmteste, die »Caprivi« des Kapitäns Gustav Bentzien, steuerte Hiddensee seit 1892 an. Die Fremdenbücher verzeichnen von da an nur noch steigende Gästezahlen. Heute liegt ein Schiff gleichen Namens als schwimmendes Hotel im Hafen von Vitte.

Der Hiddenseer Kaufmann Kurt Dittmann hat die Bücher gründlich studiert und über 200 prominente Namen zusammengetragen – von Gitta Alpar bis Carl Zuckmayer. Ich erlaube mir, hier eine sehr persönliche Auswahl zu treffen. An Gerhart Hauptmann kommt man auf Hiddensee nicht vorbei. Nach ersten Besuchen von 1885 und 1896 kam der Nobelpreisträger seit 1916 jeden Sommer. Ab 1926 wohnte er im »Haus Seedorn« in Kloster, das er schließlich durch Vermittlung von Pastor Gustavs, der erfreulicherweise im Gemeinderat saß, kaufen konnte. Schon damals wirkten gute Beziehungen auf der Insel Wunder. Natürlich bekam der Dichterfürst auch eine Baugenehmigung und erweiterte sein Haus um Kreuzgang und Arbeitszimmer mit Terrasse. Hier diktierte er große Teile seines Spätwerks und lud ausgewählte Gäste zu seinen langen abendlichen Symposien. Sein Weinkeller war so erlesen wie seine Bibliothek, und es lohnt sich, beide zu besichtigen.

Hiddensee ist eins der lieblichsten Eilande, nur stille, stille, daß es nicht etwa ein Weltbad werde!

Gerhart Hauptmann |
an Otto Brahm, 1899

Der Dichter Joachim Ringelnatz war nie bei Gerhart Hauptmann eingeladen, aber ich stelle mir gern vor, wie er die endlosen Monologe des »Königs der Weimarer Republik« nach ein paar Gläsern Burgunder mit seinen Seemannsgeschichten kommentiert hätte. Dafür war Ringelnatz 1929 bei seiner dänischen Freundin Asta Nielsen zu Gast und stellte bei ihr Haus und Garten auf den Kopf. Die Fotos von Max Ebel zeigen, wieviel wilden Spaß er und seine Frau Muschelkalk damals in das Sommerhaus »Karusel« brachten. Hier machte die Nielsen mit ihrer Schwester, ihrer Tochter und ihrem Freund, dem russischen Schauspieler Grischa Chmara, ausgiebige Sommerferien. Ringelnatz suchte für sie am Strand einen Feuersteinzoo zusammen, den er in ihre Blumenbeete plazierte, und pflanzte dazwischen noch Kümmel für ihren Korn. Nebenbei schrieb er einige der schönsten Hiddensee-Gedichte.

Nach 1933 kamen weder Asta Nielsen noch Ringelnatz je wieder auf die Insel zurück. Goebbels versuchte noch 1938, die »Königin des Stummfilms« durch den Oberbefehlshaber in Dänemark, General Leonard Kaupisch, zur Rückkehr zu bewegen. Der General versicherte der Schauspielerin treuherzig, in Deutschland läge nichts gegen sie vor. Die Nielsen fragte nur: »Wissen Sie denn nicht, wieviel inzwischen gegen Deutschland vorliegt, Herr General?«

Aber mit den zunehmenden wirtschaftlichen Schwierigkeiten der jungen Republik setzte auch auf Hiddensee Politikverdrossenheit ein, und wenn man überhaupt noch zur Wahl ging, dann votierte man für lokale Wahlbündnisse oder Wirtschaftsvereine. Der Einfluß der republikanisch oder gar antibürgerlich gesinnten Sommergäste auf die Inselbewohner war gering, und schon Anfang der zwanziger Jahre konnte man im Ferienprospekt von Vitte den Satz lesen: »Juden finden keine Aufnahme.«

Die jüdischen Künstlerinnen und Künstler, die Wissenschaftler, Kunstmäzene und Kritiker kamen trotzdem. Sie zogen allerdings Kloster vor. Albert Einstein wohnte hier zwischen 1920 und 1926 und spielte abends seine Geige im Haus am Meer. Sigmund Freud, Lion Feuchtwanger und Ludwig Marcuse stiegen im Hotel zum Dornbusch ab und genossen die »uferlose Ereignislosigkeit«, wie Max Kruse einmal den Zauber der Insel charakterisierte. Mascha Kaléko notierte sich am Strand Verszeilen in ihr *Lyrisches Stenogrammheft,* und Billy Wilder dichtete anzügliche Songs über die Sommeraffären

Steine schaumumtollt,
Zornig ausgerollt
Über Steine. –
Freiheit, die ich meine,
Gibt es keine.

Ringelnatz | *Steine*
am Meeresstrand, 1929

in der leichtlebigen Künstlergemeinde. Valeska Gert, die wildeste Tanzpantomimin der zwanziger Jahre, gab Gratisvorstellungen in den Dünen, und Alfred Flechtheim hielt Ausschau nach neuen Maltalenten.

Aber es kamen auch nichtjüdische Künstler, deren politische Haltung in ganz Deutschland bekannt war. Käthe Kollwitz, deren Radierungen von Bauernkrieg und Weberaufstand an die Gegenwärtigkeit des jahrhundertealten Unrechts erinnerte. Ernst Barlach, dessen Mahnmale gegen den Krieg nach 1933 aus den Kirchen und Museen entfernt und zerschlagen wurden. Carl Zuckmayer, dessen *Hauptmann von Köpenick* die Konservativen ebenso haßten wie die Nationalsozialisten. Es kamen der Physiker Gustav Hertz und der Theaterkritiker Felix Emmel, die Architekten Herrmann Muthesius und Max Taut, der Verleger Gustav Kiepenheuer und der 1944 von den Nazis hingerichtete Pädagoge Adolf Reichwein. Wie wäre wohl ein Sommerabend im Saal des alten Hotels Hitthim verlaufen, bei dem sie sich alle begegneten, miteinander redeten und musizierten, tranken und tanzten, stritten und flirteten? Es wäre ein Stück, das in der langen Reihe literarischer Huldigungen an die Insel der Künstler noch fehlt.

Zu meinen Favoriten gehört, neben den Gedichten von Ringelnatz und Erich Arendt, Arved Jürgensohns bereits erwähnter Reiseführer von 1924. Jürgensohn wurde 1862 in Lettland geboren und kam um 1890 als Lehrer und Schriftsteller nach Berlin, wo er zunächst Biographien deutsch-russischer Generäle herausgab und sich über das preußische Patentrecht Gedanken machte. Hiddensee muß er um die Jahrhundertwende für sich entdeckt haben, denn schon 1903 kaufte er ein Grundstück oberhalb des Seenotrettungsschuppens in Kloster. Dort errichtete er ein windschiefes Sommerhäuschen aus Holz mit einer eisernen Wendeltreppe in die obere Etage, die angeblich aus einem Doppelstockbus stammte. In Berlin bemühte er sich unablässig, Bankiers und Kaufleute als Investoren für die Insel zu gewinnen, um aus Kloster ein mondänes Ostseebad zu machen. Es war Jürgensohns Verdienst, daß der Stralsunder Feinkosthändler Dittmann hier 1913 einen Lebensmittelladen eröffnete, in dem sich die Sommergäste bald die Klinke in die Hand gaben und Hauptmanns Sohn Benvenuto sein britisches Porter auf Vaters Namen anschreiben ließ. 1914 veröffentlichte Jürgensohn die erste Ausgabe seines Hiddensee-Führers, für den er ausführliche Nachforschungen in den Archiven und Kirchenbüchern von Stralsund und Rügen

Und die minderjährige Witwe
Deren Name jedem kund
Aß Kompott und ward geschändet
Eh das Flugzeug in Stralsund.

Billy Wilder | nach Bertolt Brecht,
Hiddenseer Parodie, 1929

betrieben hatte. Der Erste Weltkrieg machte einen blutigen Strich durch seine Rechnungen, aber ein Lettländer gibt so schnell nicht auf. Nach Kriegsende warb er mit Prospekten und Vorträgen für seine Insel und wurde dabei von den Hiddenseern argwöhnisch der Geschäftemacherei verdächtigt. 1927 starb er, fern von Hiddensee, in Berlin-Schöneberg. Sein Haus hat später der Maler Willy Jaeckel gemietet und darin zwischen 1926 und 1938 einige der interessantesten Hiddenseebilder gemalt. Jaeckels Frauenporträts erinnern an Gerhart Hauptmanns Bemerkung, daß man im Sommer auf Hiddensee die schönsten Frauen Deutschlands antreffen könne.

Frauen spielten auch als Künstlerinnen auf der Insel eine bemerkenswerte Rolle. Henni Lehmann und Clara Arnheim, zwei jüdische Malerinnen, gründeten um 1920 den »Hiddenseer Künstlerinnenbund«, dem auch Käthe Loewenthal, Julie Wolfthorn und Elisabeth Büchsel angehörten. Sie richteten in der alten Bäckereischeune von Vitte, die bis heute als »Blaue Scheune« bekannt ist, Galerieräume ein und organisierten Verkaufsausstellungen ihrer Arbeiten. Bald kamen auch Kolleginnen wie Alma Wrede aus Worpswede und Else Pauls aus Fischerhude dazu. Während Elisabeth Büchsel zur populärsten Hiddenseemalerin wurde, deren Bilder man noch immer als Postkarten an jeder Inselecke kaufen kann, sind die Werke der meisten anderen Mitglieder fast vergessen. Das gilt auch für die Stralsunderin Edith Dettmann, deren frühe Bilder zum Besten gehören, was die Neue Sachlichkeit zwischen 1920 und 1933 in Deutschland hervorbrachte. Sie wurden auf Anweisung des Gauleiters von Pommern, Schwede-Coburg, aus dem Stralsunder Theaterfoyer entfernt. Edith Dettmann zog sich daraufhin fast vollständig aus der Öffentlichkeit zurück. Henni Lehmann beging 1937 Selbstmord, Clara Arnheim und Lotte Loewenthal starben 1942 in den Konzentrationslagern von Theresienstadt und Lublin. Eine Ausstellung des Kulturhistorischen Museums zu Stralsund hat im Sommer 2006 gezeigt, wieviel Hiddenseer Kunst noch immer neu zu entdecken ist. Und es wird auch Zeit, daß jemand endlich die 1927 von George Grosz in Kloster begründete Form der karikierten Künstlerpostkarte weiterentwickelt.

Auch Hans Falladas Werk ist mit Hiddensee verbunden. Im »Gasthof am Meer« in Neuendorf beendete er seinen bekanntesten Roman *Kleiner Mann – was nun?*, der 1932 erschien und ein Welterfolg

Ich renne über den Strand, eigentlich friere ich immer und dann suche ich Bernstein oder ich schwatze und trinke mit den Fischern – und immer wieder einmal zwischendurch gehe ich in mein Zimmer und schreibe und schreibe … es ist wie ein Rausch, ich überschreite mein Quantum, ich schreibe in einem Tag das zweifache, das dreifache Pensum.

Hans Fallada | *Erinnerungen*, 1946

wurde. Der 1893 in Greifswald geborene Schriftsteller kannte den vorpommerschen Menschenschlag durch seine Arbeit als Gutsinspektor auf Rügen. In seinem Roman *Der Jungherr von Strammin,* der 1944 in Fortsetzungen in der Zeitschrift *Die Woche* erschien, erinnerte er sich seiner Neuendorfer Zeit und ließ die große Liebe seines Helden, die geheimnisvolle Catriona, dort beim Fischer Rickmers Unterschlupf finden. Dieses lange unterschätzte Buch ist eine wunderbare Reiselektüre und macht den Urlaubsgast aufs Unterhaltsamste mit den ländlichen Verhältnissen der zwanziger Jahre zwischen Stralsund und Hiddensee vertraut.

Für die Künstlergemeinde leistete Wilhelm Schmidtbonn mit seinem Sommerbuch *Die unerschrokkene Insel* bereits 1925 etwas Ähnliches. Er widmete diese Sammlung leicht verschlüsselter Porträts seiner Freundin Else Lasker-Schüler, die 1913 gemeinsam mit Gottfried Benn nach Hiddensee kam. Aus der leidenschaftlichen Beziehung entstanden einen Sommer lang ebenso passionierte Gedichte zwischen »Tino von Bagdad« und ihrem »Giselheer«. Aber Benn war die radikale Boheme seiner um siebzehn Jahre älteren Freundin nicht ganz geheuer, und er trennte sich schon im selben Jahr wieder von ihr. Erst 1924 kam die Lasker-Schüler noch einmal zurück und bewohnte ihr Ferienzimmer »Luftballon« in Kloster. Dort hatte ein Jahr zuvor der Komponist Max von Schillings versucht, Hiddensee zur »Souveränen Kunstfischer-Republik« auszurufen, den anwesenden Stralsunder Regierungspräsidenten in Hauptmanns Beisein abzusetzen und sich selber zum Inselpräsidenten wählen zu lassen. Leider findet man Schmidtbonns Buch nur noch mit großem Glück in Antiquariaten. Das gilt auch für Emil Orliks Zyklus von zwölf Lithographien, die er 1920 Gerhart Hauptmann als dem »Prospero von Hiddensee« widmete.

Aber nicht nur Dichter und Maler besuchten die Insel in den Jahren der Weimarer Republik. Es kamen Filmleute wie Friedrich Wilhelm Murnau und Slatan Dudow, Theaterregisseure wie Max Reinhardt und Bruno Rahn, Schauspieler wie Käthe Dorsch, Tilla Durieux, Alexander Granach und Gustaf Gründgens. Auf der Lietzenburg residierte der Kruse-Clan vom alten »König Oskar« bis zu seiner jungen Schwägerin, der berühmten Puppenfabrikantin Käthe Kruse und ihrem Sohn Max, dem Verfasser von *Urmel aus dem Eis.* Im »Haus am Meer«, der späteren Vogelwarte, stiegen neben der Familie Mann auch

der Anthroposoph Rudolph Steiner und der Komponist Friedrich Hollaender ab. Und im Landhaus Dittmann erholten sich Erich Mühsam und Ernst Toller nach der Festungshaft vom Scheitern ihrer Bayrischen Räterepublik. Die Listen Kurt Dittmanns sind lang, und wer wissen will, welche Berühmtheiten noch die Ufer und Wiesen Hiddensees durchstreift haben, der muß sich ins Archiv des Inselmuseums begeben.

Hiddensee ist eine der wenigen autofreien Inseln dieser Welt, der Besucher ist also auf das Fahrrad oder das Pferd angewiesen. Natürlich kann man auch wandern, wie Kosegarten, Zöllner und Grümbke es getan haben. Auf jeden Fall muß man Zeit mitbringen, denn auf den etwa 18 Kilometern zwischen Achterwisch und Enddorn gibt es mehr zu sehen als andernorts auf 180 Kilometern.

Es ist ratsam, im Süden bei Neuendorf zu beginnen und so die Eindrücke langsam zu steigern. Auch Reisen bedarf der Dramaturgie, und wie im Theater bleibt der Eindruck am stärksten, wenn er gut inszeniert ist. Wer also früh aufsteht, kann von der Treppe des heutigen Süderleuchtturms aus, den die Firma Julius Pintsch hier 1906 errichtet hat, die Sonne über Rügen aufgehen lassen. Weiter südlich beginnt der Nationalpark Vorpommersche Boddenlandschaft, dessen Vogelschutzgebiete für den Wanderer allerdings gesperrt sind. Reiher, Seeschwalben, Regenpfeifer und Möwen kann man dennoch am Strand und über der Heide beobachten. Auch für Hiddensee empfiehlt sich ein gutes Fernglas.

Der Gellen verdankt seinen Namen dem slawischen »golina«, was soviel wie wüstes Land bedeutet. Ursprünglich muß er sehr öde gewesen sein, und da, wo heute Schafe und Rinder weiden, gab es nur Dünen und Sandbänke. Neuendorf und Plogshagen nennen die Einheimischen die »Süderdörfer«, ihre geradlinigen Häuserzeilen tragen so märchenhafte Namen wie »Schabernack« und »Königsberg«. Schon zu Grümbkes Zeiten waren die Fischer hier Freie, während im Norden noch die Leibeigenschaft vorherrschte. Vielleicht erklärt das den Stolz der Neuendorfer und die Abneigung gegen Gatter und Zäune. Ihre freistehenden, weißgetünchten Häuser kann man schon von Schaprode aus leuchten sehen.

Die große Sturmflut vom November 1872 hat den bereits erwähnten Hiddenseer Goldschatz aus den Dünen gespült und den Gellen am Schwarzen Peter fast vom Rest der Insel abgerissen. Die Schäden

Heideartige Inseln wie Hiddensee sind fast vollkommen noch die Landschaft von 1900. Schwarzweisse Kühe stehen buchschmuckhaft im Feld, schilfgedeckte Häuschen sehen, so unliterarisch sie sind, mit den Augen der Exlibris entgegen, zu denen sie beigesteuert haben.

Ernst Bloch | *Geographica*, 1932

waren so immens, daß die Hiddenseer eine Abordnung unter Führung des Schulzen Johann Karl Schluck nach Berlin schickten, um beim Kaiser um Beihilfen für den Wiederaufbau und eine Neuansiedlung zu bitten. Sie wurden tatsächlich vorgelassen, allerdings empfing sie nur der Kronprinz Friedrich. Nach ihrem Anliegen befragt, drucksten sie eine Weile herum, bis der Kronprinz schließlich fragte, warum sie nicht mit ihrer Bitte herausrückten? »Je«, sagte Schluck, »wie wullen eigentlich den Ollen spräken.« Da der Kronprinz lachte und dann platt mit ihnen sprach, faßten sie schließlich doch Vertrauen, weihten ihn in ihre Pläne ein und verabschiedeten sich hoffnungsvoll mit dem Wunsch: »Na, denn stelln Sei dat Vaddern mal ordentlich vör!« Es gab dann tatsächlich Allerhöchste Zuwendungen für die schwer zerstörten Dörfer.

Sturmfluten sind auf Rügen und Hiddensee keine Seltenheit und kehren im Winter mit stürmischer Regelmäßigkeit wieder. Der Greifswalder Geologe Walter Schumacher hat in einer ausführlichen Studie die nächste Flutkatastrophe für 2010 berechnet. Bis dahin müßten die Hiddenseer ihre Deiche aufstocken, wenn sich das Drama von 1872 nicht wiederholen soll. Aber vielleicht hofft die Schweriner Regierung ja auch auf neue Schätze für die immer klamme Landeskasse oder auf Allerhöchste Hilfe aus Berlin.

Vitte ist der größte Badeort der Insel und berühmt wegen seiner »Seebühne« und dem kaltgeräucherten Lachs von Manne Mehl. Für die Aufführungen dieses maritimen Theaters, das Karl Huck 1997 in einer alten Garage gegründet hat, kommt mancher eigens aus Berlin angereist. Mit Stücken wie *Sindbad*, *S.O.S. Titanic* und *Die Schatzinsel* hat die »Seebühne« schon in Dänemark, Finnland, Frankreich, Indien, Italien, Norwegen, Spanien und in Edinburgh im Kinderzimmer von Robert Louis Stevenson gastiert. Dabei hat sie sich unter der Leitung ihrer jungen Direktorin Wiebke Volksdorf den Ruf erworben, eines der besten Figurentheater zwischen Atlantik und Barentssee zu sein. Den Räucherlachs von Meister Mehl wiederum ließ sich der Intendant der Komischen Oper, Professor Walter Felsenstein, persönlich nach Berlin bringen, weil selbst die Feinkostetage des KaDeWe nichts Vergleichbares anzubieten hatte. Die Aufführungen der »Seebühne« und der Lachs haben gemeinsam, das sie fast immer ausverkauft sind.

Die kleine Seebühne erobert seit zehn Jahren von Hiddensee aus die große Welt des Theaters.

Günther Stroh | *Ostsee-Zeitung*, 2007

Natürlich gibt es in Vitte auch noch andere Sehenswürdigkeiten, zu denen unter anderem die Buchhandlung »Koralle«, die Trauzettelsche Windmühle und das Zeltkino gehören. Die »Koralle« wird von Renate Seydel geführt, die in ihren Hiddensee-Anthologien alle literarischen und lokalen Zeugnisse zusammengetragen hat, die man kennen muß. Außerdem bekommt man bei ihr die Kinderbücher von Benno Pludra, von denen einige ebenfalls auf Hiddensee spielen und von Werner Klemke wunderschön illustriert worden sind. Etwas weiter im Zeltkino kann man dann die Verfilmungen von *Lütt Matten und die weiße Muschel* oder *Die Reise nach Sundevit* anschauen, sich wundern, was für poetische Kinderfilme die DEFA in den sechziger Jahren gedreht hat und was für begeisterte Filmstatisten die Hiddenseer waren. Die alte Windmühle von Vitte, die hinter der Bäckerei Schwarz in Norderende steht, hat der Architekt Helmut Trauzettel gekauft, liebevoll wiederaufgebaut und damit die letzte Mühle auf Hiddensee gerettet.

Vitte verdankt seinen Namen übrigens, wie Vitt auf Wittow, dem Heringshandel. Aber aus dem ehemaligen Fischerdorf ist längst ein Urlauberort geworden. Die windschiefen, engen Räucherkaten, die Grümbke noch 1803 mit Entsetzen betreten hat, sind nach der Sturmflut von 1872 verschwunden, und manchen der Neubauten, die sich heute an ihrer Stelle breitmachen, wünscht man das Gleiche. Hiddensees größter Schatz ist seine immer noch unberührte Natur, und wenn die bewahrt bleibt, könnte sie der großen Nachbarinsel in Zukunft noch empfindliche Konkurrenz machen.

Vom Seglerhafen aus führt der Deich über Salzwiesen und Schilfgürtel am Bodden entlang nach Kloster. Hier kann man Lerchen und Sprosser singen hören und den Graureihern und Schwänen bei ihrem Flug nach Rügen zusehen. Ins Kloster sind es nur ein paar Schritte den Kirchweg hinauf bis zum »Haus Seedorn«, in dem einst Gerhart Hauptmann residierte. Manche Besucher finden es zu dunkel und zu pompös, aber wer einmal einen heißen Sommer auf der Insel erlebt hat, wird den Schatten und die Stille von Haus und Garten zu schätzen wissen. Das Arbeitszimmer ist großzügig geschnitten und mit wenigen, aber kostbaren Kunstwerken ausgestattet, darunter ein Christus-Torso aus dem 13. Jahrhundert und zwei Rügenkarten von Homann und Lubinus.

Gehoben vom leisen Licht
In des Himmels größeren Ozean:
schwebende Insel
unter der Traumdrift
der Wolken
Zärtlichste, nur
Von Bläuen gesäumt
und Winden.
Wo Meer dich berührt,
rinnt hörbar die Stunde noch
unserer Dauer:
Lausche.

Erich Arendt |
Hiddensee Gedicht, 1954

Etwas oberhalb des »Seedorn« steht am Rand des Uferwaldes das Haus des Architekten Herrmann Muthesius, dem Mitbegründer des Deutschen Werkbundes. Muthesius hatte nach seinem Studium in Berlin zwischen 1887 und 1903 in Japan und England gearbeitet und war mit bahnbrechenden Ideen zur Sachlichkeit und Funktionalität in der Architektur nach Deutschland zurückgekommen. Sein Haus, das er 1912 kaufte, wurde auch dank seiner musikalischen Frau Anna und ihrer Töchter schnell zu einem beliebten Künstlertreff, in dem es weitaus weniger gravitätisch als auf den Hauptmannschen Symposien zuging. Diesem Ort ist sein schöpferischer Geist auf geheimnisvolle Weise erhalten geblieben. Werner Klemke tuschte hier seine meisterhaft schwebenden Illustrationen zur Weltliteratur und Erich Arendt übersetzte viele Sommer lang die Gedichte Pablo Nerudas. Das Weltkulturerbe hat Hiddensee einiges zu verdanken.

Der Kirchweg führt vom Hauptmann-Haus geradewegs durch Kloster zur Inselkirche, auf dessen Friedhof der Dichter unter einem riesigen Findling begraben liegt. Für die Kirche sollte man sich Zeit lassen. Auf den ersten Blick sieht sie wie eine der Fischerkirchen aus, die man zu Dutzenden zwischen Kühlungsborn und Heringsdorf findet, mit barockem Kanzelaltar, Kastengestühl und Schiffsmodellen. Allenfalls der Taufengel, der mit der Schale für das Taufwasser unter einem gemalten Rosenhimmel schwebt, fällt durch seine leichtbekleidete Fülle auf. Aber wenn Pastor Manfred Domrös durch sein Gotteshaus führt, dann öffnet er einem schnell die Augen – nicht nur über die Himmelsrosen.

»Den Fischern gefielen die damals gar nicht, die hätten lieber Mond und Sterne gehabt«, erzählt er seinen Besuchern. »Von us Himmel schniegt dat keene Rosen«, sollen sie gesagt haben. Dabei hat der Kunstmaler Niemeyer nur das Material in Rechnung gestellt und außerdem eine der schönsten plattdeutschen Liebeserklärungen an die Insel gedichtet. Und das, obwohl er Berliner war! Domrös, der selber Platt spricht, stammt aus Potsdam und kam 1986 auf die Insel. Früher konnte man den Engel übrigens mit einem Seilzug von der Decke lassen, und das Wasser für den Täufling kam dann im wahrsten Sinne des Wortes vom Himmel. Gerüchte besagen, daß der Strick eines Tages riß, der Engel den Falschen taufte und deshalb an die Kette gelegt wurde.

Hett di de Welt watt dohn
un det di weh
Und will di nich verstahn
Denn pack dien Leed und Krom
Un führ nah Hiddensee –
Dor warst Du licht und free!

Nikolaus Niemeyer | 1922

Der Pastor Arnold Gustavs hat noch in den dreißiger Jahren versucht, seiner Gemeinde den heidnischen Brauch abzugewöhnen, jeden Verstorbenen dreimal um die Kirche zu tragen, bevor er auf den Gottesacker kam. Zwei Runden ließen sich die Hiddenseer abhandeln, aber als Gustavs auch noch die letzte abschaffen wollte, schüttelten sie erschrocken die Köpfe und sagten: »Herr Paster, dat geiht nich! Hei kümmt doch süs wedder!«

Einige der alten Grabsteine vor der Kirche zeigen Briggs und Kutter unter vollen Segeln. Pfarrer Domrös ist selbst ein leidenschaftlicher Segler und bringt auf der »Merian« seiner jungen Gemeinde das Handwerk der Seemannschaft inklusive Kartenlesen und Navigieren bei. Seit zwanzig Jahren steht er am Steuer seines Kirchenschiffs, und als 1989 die Herbststürme der Wende auch über Hiddensee hereinbrachen, hat er mit einer Gruppe Gleichgesinnter dafür gesorgt, daß die Ferienhäuser von Partei und Staatssicherheit zu Altenheimen für die Insulaner wurden. Wenn Domrös beim Gottesdienst über die Herz- und Geistlosigkeit mancher Christenmenschen in Politik und Industrie in Rage gerät, dann bekommt man einen Begriff davon, was mit alttestamentarischem Zorn gemeint war.

Wenn man die Inschriften auf den Schiffergräbern entziffert hat, kann man den Kirchweg bis zum Ortsausgang von Kloster gehen. Dort zeigt der Wegweiser zum Dornbusch, aber falls noch genügend Zeit ist, sollte man diesen Aufstieg meiden und lieber am Reedsall in Richtung Grieben weiterwandern. Der Reedsall gehörte ursprünglich wohl zu einer Anlage von Teichen, in denen die Mönche zur Klosterzeit Fischzucht betrieben haben. Übertragen bedeutet Reedsall oder Rietsal Riedgrastümpel, und viel mehr ist von den Fischteichen auch nicht geblieben. Aber der Spaziergang entlang der alten Weiden führt zu den beiden schönsten Aussichten der Insel: zum Leuchtturm und zum Enddorn, an die nördliche Spitze von Hiddensee. Hier hat Adelbert von Chamisso im Sommer 1823 erste Barometrische Messungen vorgenommen und seinen Berliner Freunden von der Insel vorgeschwärmt.

In Grieben angekommen, kann man am Ortseingang entweder links den kleinen Feldweg zum Leuchtturm einschlagen oder geradeaus in Richtung Bessin weiterwandern. Vorher sollte man aber im Gasthaus »Enddorn« nachfragen, welchen frischen Fisch der Wirt hereinbekommen hat und ob man sich

Überall pflege ich als Wandersmann zuerst den Kirchhof zu besuchen, und dies aus dem philosophischen Grund, weil sich aus dem »Ehret die Todten« ... beurtheilen läßt, ob die Menschen da Poesie haben oder nicht. Auf Hiddensee ... findet man sorgsam gewölbte Hügel, einfache Grabsteine und frömmige Inschriften. Fast alle männlichen Todten kündigen die Grabinschriften als Seeleute an, die hier im Angesicht des Oceans von den schweren Stürmen ausruhen.

Friedrich von Suckow | *Winterliches Reisebild von Hiddensee, 1831*

Den Hiddenseer leitenden Kreisen war ich aus unbegreiflichen Gründen ein Dorn im Auge. Was ich wollte und zum Besten des ganzen Landes bestrebte, das wurde systematisch bekämpft, die Insulaner gegen mich aufgeredet und die ihnen von mir gezeigten Zukunftsbilder als verrückte Hirngespinste hingestellt. Mit unglaublicher Zähigkeit behauptete ich meinen Standpunkt, mußte mir aber auch gefallen lassen, daß die Press-Onkels ... sich meiner Person bemächtigten und aus dem rationell denkenden Menschen ein »Original vom Ostseestrand« machten.

Alexander Ettenburg |
Die Insel Hiddensee, 1912

davon noch ein Stück reservieren lassen kann. Ich habe unter den Weiden des »Enddorn« den besten Hecht und Heilbutt meines Lebens gegessen und eines glücklichen Abends sogar eine frische Meeräsche, die sich aus dem Mittelmeer in die Ostsee verirrt hatte. Unter diesen Weiden stand einst auch die »Schwedische Bauernschenke« Alexander Ettenburgs, auf dessen trauriges Geschick man nach dem Essen einen Aquavit trinken kann.

Ettenburg, ein schlesischer Gutsbesitzersohn, verkrachter Gastwirt, Dichter und Schauspieler, hatte schon 1905 den ersten Hiddensee-Reiseführer veröffentlicht. Zwischen 1890 und 1919 lebte er als Einsiedler, Schankwirt und Freilichttheater-Direktor in Grieben und auf den Hügeln des Dornbuschs. Er dichtete Naturtheaterstücke, die er in der Swantevit-Schlucht selber ausstattete und aufführte, errichtete ein windschiefes Tusculum im Bergwald und wanderte barfuß und dichtend im Mönchsgewand am Strand entlang. Wenn man Ettenburgs pathetische Lebensbeschreibung liest, kommt einem allerdings der Gedanke, Thomas Mann könne das Heft bei seinem Hiddenseebesuch zufällig in die Hände bekommen und in der Musterungsszene des »Felix Krull« das Gebaren eines zweiten prominenten Hiddenseers parodiert haben. Aber seine Liebe zu Hiddensee ließ Ettenburg sich auch von seinen hartnäckigsten Feinden nicht nehmen. Da sie ihn zu seinen Lebzeiten nicht vertreiben konnten, rächten sie sich nach seinem Tod. Sein sehnlichster Wunsch war es, auf Hiddensee begraben zu werden. Doch nachdem er 1919 in Stralsund elend gestorben war, verschwand seine Urne auf dem Postweg und war danach angeblich unauffindbar. Der Verdacht liegt nahe, daß Alexander Ettenburg das erste unfreiwillige Seebegräbnis von einem Fährdampfer aus zuteil wurde. Auch ein Gedenkstein, der ihm 1985 von drei Enthusiasten gesetzt worden ist, verschwand im Herbst 1989 spurlos. Selbst der Kindergarten von Vitte, der kurze Zeit seinen Namen trug, wollte nicht mehr nach dem »mallen Ettenburg« heißen und tilgte seinen Namen. Immerhin erinnern noch einige Reiseführer an ihn, und vielleicht besinnt sich die Gemeindeverwaltung oder die Kurdirektion eines Tages und benennt einen kleinen Strandweg in Vitte nach ihm.

Das »Hotel zum Klausner« steht noch heute im Bergwald und ist von Christoph Hein in seinem *Tangospieler* literarisch verewigt worden, wobei auch die Vorzüge zweischläfriger Sofas in Hiddenseer

Dachkammern gewürdigt werden. Ich habe hier im Herbst 1988 gewohnt und traf auf einem Spaziergang am Hochufer einen älteren Herrn mit seiner sehr viel jüngeren Freundin, der begeistert durch sein Fernglas gen Norden blickte und rief: »Nu gugg doch mal, Schatzi, da is Mön, da ist Dänemark!« Die junge Frau zuckte nur gleichgültig mit den Schultern und antwortete: »Und wat hab ick davon?« Soviel zur These, daß man auf Hiddensee die DDR vergessen konnte. Selbstverständlich war die Grenzbrigade Küste auch hier stationiert, und die Staatssicherheit hatte in verschiedenen Häusern Beobachtungsräume, aus denen heraus die Ankommenden auf mitgeführte Schlauchboote oder ähnlich verdächtiges Fluchtgepäck visitiert wurden.

Entscheidet man sich für den Weg durch Grieben ans Meer, dann erblickt man am Ortsausgang auf der Boddenseite die beiden Haken des Alten und Neuen Bessin. Die Lubinische Karte von 1618 verzeichnet den »Olden Besin« noch als Insel, und Kosegarten beschrieb es 1792 als »das allerödeste Land, das ich je gesehen«. Heute ist es ein Vogelschutzparadies, bewachsen mit Sanddorn und Holunder, und im Sommer erinnern die einsamen Halbinseln an afrikanisches Grasland. Statt der Antilopen weiden hier Schafe, und man kann sich mit ihnen die schattigen Plätze unter den niedrigen Büschen teilen. Kommt man sehr früh oder am Abend, hat man den Bessin meist für sich allein. Viel mehr Natur und Einsamkeit ist kaum möglich, es sei denn, man schwämme auf die jährlich wachsende Sandbank der Bessinschen Schaar hinüber.

Am Enddorn ist Hiddensee zu Ende, und bei guter Sicht kann man die Küste Wittows vom Bug bis zum Bakenberg leuchten sehen. Als es noch sittenstreng zuging, standen selbst an diesem entfernten Strand Badehütten, in denen die Schwimmer sich umziehen sollten. Ein Amtsvorsteher, der besonders energisch gegen die um sich greifende »Freikörperkultur« vorgehen wollte, stellte den invaliden Fischer Carl Gau als Strandwächter an, der mit seinem Krückstock durch die Dünen patrouillierte. Eines Tages traf er dabei auf den Stralsunder Kaufmann Biederstedt, der ihm jovial eine Zigarre anbot und fragte, was er denn so treibe. »Ik paß up, dat nicks passiert,« antwortete der Fischer vertraulich. »Und wenn doch was passiert, lieber Gau?« – »Denn dreih ick mi üm un kiek nah de anner Siet.«

An einer ähnlich gewitzten Haltung scheiterte auch die in den zwanziger Jahren vom Zaun gebrochene Bademantelkampagne, mit der die Behörde das Spazierengehen in Strandkleidung untersagen wollte. Als eines Tages der Inselpolizist eine junge Schöne mitten auf der Dorfstraße zur Rede stellen wollte, öffnete sie zu seinem Entsetzen ihren Bademantel – und trug ein Sommerkleid darunter. Heute badet man überall nackt und textil durcheinander, am Enddorn ebenso wie in der Vitter Bucht und am Gellen. Vom Enddorn aus kann man über die Swantiberge und den Honiggrund zum Leuchtturm wandern, der zu Hiddensees Wahrzeichen geworden ist. 1887 wurde er von der Wasserbauinspektion Stralsund errichtet und ging schon ein Jahr später in Betrieb. Sein Feuer erstrahlt fast 100 Meter über dem Meeresspiegel und sichert noch immer die Schiffahrt zwischen Dänemark, Rügen und Stralsund. Ab 1893 gab es auch eine Nebelsignalkanone, die aber 1906 durch Nebelhörner ersetzt wurde. Kloster verdankt dem Leuchtturm sein erstes Hafenbollwerk, da die Baumaterialien hier angelandet und weiter zum Dornbusch transportiert wurden. Als Vitte und Neuendorf endlich die Fördermittel und Kredite für ihre Kaianlagen genehmigt bekamen, landete in Kloster schon das erste Wasserflugzeug und schloß den Ort damit 1928 an die Bäderlinie der Deutschen Lufthansa an.

Der letzte Leuchtturmwärter hieß Walter Hoerenz, seine Frau Ingeborg war die erste und letzte Leuchtturmwärterin der DDR. 27 Jahre lang teilte sie mit ihrem Mann die Dienstschichten und stieg bei Wind und Wetter die 80 Stufen in die Wachstube hinauf. Beide bereuen noch heute keinen einzigen Tag. »Das war doch der schönste Arbeitsplatz im ganzen Land«, sagten sie einmal im Gespräch über ihren Leuchtturm. Seit 1996 ist der Turm auch für Besucher zugänglich, und der Aufstieg bis zur Leuchtfeuerplattform lohnt sich. An klaren Tagen reicht der Blick im Norden über die Ostsee bis zur Insel Moen und im Süden über den Bodden bis nach Stralsund. Hier kann man gut Abschied von Hiddensee nehmen.

Die Abreise von der Insel sollte am besten mit der Fähre nach Stralsund erfolgen. Das Schiff gleitet von Kloster noch einmal an Vitte und Neuendorf vorbei und später langsam an den Küsten von Ummanz, Lieschow und Altefähr. Möwen und Kormorane ziehen übers Wasser, und Segler kreuzen zwischen Barhöft und Kubitzer Bodden. Dann weiß man, daß man wiederkommen wird. Denn Rügen und Hiddensee

Eisenharte Männer, die auf dem Walfischfang dem nordischen Eis getrotzt haben, sehnen sich nach ihrem »söten Lanneken«, und wenn sie alt geworden sind, dann nehmen sie ihren Enkel an die Hand und führen ihn zu dem einzigen Strauch, einem wilden Rosenstrauch, der auf der Düne wächst und zeigen ihm daran alle Herrlichkeiten der Welt.

Fritz Reuter | *Fußreise nach der Insel Rügen*, 1830

erscheinen zu jeder Jahreszeit in einem anderen, unvermuteten Licht – wie auf den Fotografien dieses Buches. Die eisgraue Ostsee an einem Januarmorgen vor den Wissower Klinken. Waldwiesen voll blühender Buschwindrosen im Mai. Die Rapsfelder in der Frühsommersonne. Sonnenuntergänge am Dornbusch und sternklare Nächte am Vitter Strand. Die Farben der Buchenwälder im Oktoberlicht. Der erste Schnee auf den Feldern und die vereisten Findlinge am Ufer nach den Dezemberstürmen.

Bei mehr als 550 Kilometern Küstenlinie gibt es Orte, die selbst alteingesessene Wanderer nach Jahren zum ersten Mal entdecken. Dabei haben wir die Küsten von Mönchgut, Ummanz und Zudar auf dieser Reise nicht einmal gestreift, und in ihren Landschaften und Dörfern gibt es ebensoviel zu entdecken und zu erinnern wie zwischen Wittow und Jasmund oder in den berühmteren Bädern und Schlössern Rügens. Schon Friedrich von Schönholz notierte 1837 in seinem Reisehandbuch für Besucher der Insel Rügen, daß man sich mit der Hintansetzung weniger bekannter Winkel der Insel oft um die »wunderlieblichsten Landschaften« bringe, die zum Herrlichsten gehörten, was die Insel besäße. Aber natürlich erzählt jeder am liebsten von den Landschaften, in denen er aufgewachsen ist und deren Schönheiten und Geschichten er selbst entdeckt hat. Mancher Ort liegt heute vergessen am Rande der großen Straßen, wie Altefähr, das schon im 13. Jahrhundert die »Olle Fähr« besaß und damit bis zum Bau des Rügendamms 1937 die wichtigste Verbindung zum Festland.

Wenn nach einem Segeltörn oder einer Fahrt über Land am Horizont die Silhouette von Stralsund mit ihren Kirchtürmen und Speichern auftaucht, muß ich an das ehrwürdige Stadtarchiv im Johanniskloster mit seinen zahllosen Schätzen an Rügener Chroniken und Urkunden denken. Aber auch auf den Dachböden und in den Erinnerungen der Rüganer und Hiddenseer sind noch viele Geschichten aufgehoben, die die Inseln in einem Licht aufscheinen lassen, so vielfältig und widerspruchsvoll wie ihre Landschaften und ihre Bewohner. Man behält sie lange in Erinnerung und kehrt Jahr für Jahr zurück, um ihren Geheimnissen ein wenig näher zu kommen. Manche bleiben für immer, weil es für sie keinen schöneren Ort auf der Welt gibt als diese stillen Inseln in der Mitte Europas.

Gewidmet ist dieses Buch Ursula Bartel und Eva Teschke

| Dank

Wir bedanken uns für Rat und Unterstützung während der Arbeit an diesem Buch bei den Mitarbeitern der Pfarrarchive Bobbin und Bergen und den Stadtarchiven von Sassnitz und Stralsund sowie bei Hannes Alber, Manfred Domrös, Anke Dziewulski, Franziska Günther, den Fischern Matthias und Peter, Dieter Holtz, Martin Holz, Karl Huck, Kerstin Kassner, Wulf Krentzien, Franziska Ploetz, Gerd Raulff, Prof. Dr. Karen Remmler, der »Seefuchs«-Crew, Prof. Dr. Donal O'Shea, Olaf Teschke, Prof. Dr. Karl-Ewald Tietz, Wiebke Volksdorf, Rose Wagner – und bei Johann Jacob Grümbke (1771–1849), dessen *Streifzüge durch das Rügenland* von 1805 auch nach zweihundert Jahren noch Lust auf neue Spaziergänge über die Insel machen.

Literatur

Ernst Moritz Arndt | *Gedichte*, Leipzig 1843

Gerd Baier, Walter Ohle | *Die Kunstdenkmale des Kreises Rügen*, Leipzig 1963

F. W. Barthold | *Geschichte von Rügen und Pommern*, Hamburg 1840

Samuel Beckett | *Krapp's last tape*, London 1959
(dt. *Das letzte Band*, Übersetzung des Zitats von Holger Teschke)

Otto Fürst von Bismarck | *Fürst Bismarcks Briefe*, Stuttgart 1937

Johannes Bobrowski | *Gedichte aus dem Nachlaß*, © DVA, Stuttgart 1998

Johannes Bugenhagen | *Niederdeutsche Passions-Harmonie*, Barth 1586

Carl Gustav Carus | *Eine Rügenreise im Jahre 1819*, Weimar 1866

Adelbert von Chamisso | *Gesammelte Werke*, Gütersloh 1964

Johann Carl Dähnert | *Platt-Deutsches Wörter-Buch*, Stralsund 1781

Alexander Ettenburg | *Die Insel Hiddensee*, Stralsund 1912

Herbert Ewe | *Vorpommern*, Weimar 1998

André Farin | *Wilhelm Malte zu Putbus*, Putbus 2001

Theodor Fontane | *Tagebücher 1884–1898*, Berlin 1995

Caspar David Friedrich | *Bekenntnisse*, Dresden 1924

Philipp Galen | *Der Strandvogt von Jasmund*, Leipzig 1860

Günter Grass | *Der Butt*, 1977, © Steidl Verlag, Göttingen 1997/2002, Werkausgabe in 18 Bänden, Band 8

Johann Jacob Grümbke | *Streifzüge durch das Rügenland*, Altona 1805

Erich Gülzow | *Des Fürsten Wizlaw von Rügen Minnelieder in Pyls Übersetzung*, Greifswald 1922

Arnold Gustavs | *Die Insel Hiddensee*, Rostock 1952

Alfred Haas | *Rügensche Sagen und Märchen*, Stettin 1903 / *Die Insel Hiddensee*, Stralsund 1896

Friedrich von Hagenow | *Monographie der Rügenschen Kreide-Versteinerungen*, Greifswald, 1840

Edmund Hoefe | *Wie das Volk spricht*, Stuttgart 1855

Ulrich Jahn | *Volkssagen aus Pommern und Rügen*, Berlin 1889

Arved Jürgensohn | *Hiddensee. Das Capri von Pommern*, Berlin 1924

Thomas Kantzow | *Pomerania*, Stettin 1538

Dorina Kasten | *Englische Hunde*, Stralsund 1993

Heinrich von Kleist | *Berliner Abendblätter*, Berlin 1810

Otto Knoop | *Die Flurnamen Rügens*, Posen 1928

Max Koch | *Zur Geschichte von Sassnitz*, Sassnitz 1934

Ludwig Theobul Kosegarten | *Briefe eines Schiffbrüchigen*, Leipzig 1794

Wulf Krentzien | *Sassnitz auf Rügen*, Zaltbommel 1996

Hansjörg Küster | *Die Ostsee*, München 2002

Wilhelm Müller | *Muscheln von der Insel Rügen*, Leipzig 1827

Hermann Münch | *Adolph von Hansemann*, München 1932

Ulrich Nath | *Plattdüütsch Gesangbauk*, Berlin 1987

Fritz Platten | *Die Reise Lenins durch Deutschland*, Berlin 1924

Carl Friedrich Rellstab | *Ausflucht nach der Insel Rügen*, Berlin 1797

Jürgen Rostock | *Paradiesruinen*, Berlin 1992

Wolfgang Rudolph | *Die Insel Rügen*, Rostock 1954

Rügener Heimatkalender | *Insula Rugia Journal*, Putbus 1993

Arnold Ruge | *Aus früherer Zeit*, Berlin 1862–1867

Karl Friedrich Schinkel | *Briefe Tagebücher Gedanken*, Berlin 1922

Ingrid Schmidt | *Hünengrab und Opferstein*, Rostock 2001

Wilhelm Steffen | *Kulturgeschichte von Rügen bis 1815*, Köln 1963

Ludwig Sternaux | *Herbstfahrt an die Ostsee*, Berlin 1918

August Strindberg | *Briefe an Frida Uhl*, Linz 1993

Jodocus Temme | *Die Volkssagen von Pommern und Rügen*, Berlin 1840

E. H. Wackenroder | *Altes und Neues Rügen*, Stralsund 1730

Dieter Zimmerling | *Störtebeker & Co.*, Hamburg 2000

Johann Friedrich Zöllner | *Reise durch Pommern nach der Insel Rügen*, Berlin 1797

Erläuterungen zu einigen Abbildungen: S. 12 Jaromar-Stein, St. Marien Bergen | S. 18 Kreuzigungsszene auf einer Zinnkanne der Hansezeit S. 22 Uferkapelle zu Vitt | S. 28/29 Grabsteine / Detail, Friedhof Altenkirchen | S. 31 Englischer Porzellanhund | S. 47 Bacchusornament, Schloß Spyker S. 54 Alte Bäckerei Promoisel | S. 78 Victoria-Sicht | S. 85 Großsteingrab bei der Waldhalle | S. 95 Fossilien der Kreidezeit | S. 108 26-Meter-Kutter, Sassnitz Hafen | S. 132 Seebrücke Sellin | S. 146/147 Denkmal des Fürsten Wilhelm Malte zu Putbus, Orangerie | S. 152 Kartzitz | S. 154 Epitaph Balthasar v. Platen, St. Johannes Schaprode | S. 158 Kirchenglocke Kloster | S. 159 Reste der Luchte | S. 162 Teil des Hiddenseer Goldschatzes, Kopie S. 163 Wrack einer Hansekogge, um 1300 | S. 166 Leuchtfeuer Gellen | S. 170 Hauptmannshaus, Kloster | S. 186 Optik des Leuchtturmes Dornbusch

Mit 150 Abbildungen

ISBN 978-3-378-01095-6

Gustav Kiepenheuer ist eine Marke der Aufbau Verlagsgruppe GmbH

1. Auflage 2008
© Aufbau Verlagsgruppe GmbH, Berlin 2008
Erweiterte Nachauflage des Titels »Rügen – Jahreszeiten einer Insel«
von Holger Teschke mit Fotografien von Karsten Bartel,
Gustav Kiepenheuer Verlag GmbH, Berlin 2005
Einbandgestaltung gold, Anke Fesel
Innengestaltung Antje Bartel
Druck und Binden Offizin Andersen Nexö, Leipzig
Printed in Germany

www.gustav-kiepenheuer-verlag.de